TROUPES COLONIALES

AVANCEMENT
ÉCOLES MILITAIRES — INSTRUCTION

Volume mis à jour à la date du 15 octobre 1922.

CHARLES-LAVAUZELLE & Cie
Éditeurs militaires
PARIS, Boulevard Saint-Germain, 124
LIMOGES, 62, Avenue Baudin | 53, Rue Stanislas, NANCY

N° 3.

TROUPES COLONIALES

AVANCEMENT

ÉCOLES MILITAIRES — INSTRUCTION

Volume mis à jour à la date du 15 octobre 1922.

CHARLES-LAVAUZELLE & Cie
Éditeurs militaires
PARIS, Boulevard Saint-Germain, 124
LIMOGES, 62, Avenue Baudin | 53, Rue Stanislas, NANCY

Ire PARTIE

Avancement.

Dispositions spéciales aux officiers.

Notification concernant l'application, aux sous-officiers provenant des personnels des agents et agents comptables, du commissariat et du service de santé des troupes coloniales (1) *des dispositions du décret du 30 juillet 1888, relatif à la nomination au grade de sous-lieutenant des sous-officiers qui ont déjà été officiers.*

(Direction des Troupes coloniales ; Bureau technique.)

Paris, le 19 juin 1902.

Les dispositions du décret du 30 juillet 1888, relatif à la nomination au grade de sous-lieutenant des sous-officiers qui ont déjà été officiers, sont applicables aux sous-officiers des troupes coloniales, proposés régulièrement pour le grade d'agent de 3e classe, qui ont déjà occupé ce grade, dans les conditions du recrutement prévues à l'article 11 du décret du 11 juin 1901, dans le personnel des agents ou agents comptables du commissariat ou du service de santé des troupes coloniales et qui l'ont perdu par suite de démission.

Les sous-officiers des troupes coloniales proposés régulièrement pour le grade d'agent de 3e classe qui ont fait partie, dans les troupes métropolitaines, du personnel des officiers d'administration du service de l'intendance ou de santé et qui ont perdu leur grade d'officier par démission, peuvent également être nommés agents de 3e classe, sans être astreints à suivre les cours de l'École d'administration militaire.

---

(1) Actuellement officiers d'administration de l'intendance et du service de santé des troupes coloniales.

Décret étendant au recrutement des officiers d'administration de 3e classe des troupes coloniales (services de l'artillerie) les dispositions prévues par le décret du 18 juin 1904 relatif au recrutement des sous-lieutenants parmi les adjudants ayant au moins dix ans de service effectif.

(Direction des Troupes coloniales; Bureau technique.)

Paris, le 1er septembre 1909.

RAPPORT AU PRÉSIDENT DE LA RÉPUBLIQUE FRANÇAISE.

Monsieur le Président,

L'article 39 de la loi de finances du 31 décembre 1907 a étendu au recrutement des officiers d'administration de 3e classe de l'armée métropolitaine les dispositions prévues par le décret du 18 juin 1904 et relatives au recrutement des sous-lieutenants parmi les adjudants ayant au moins dix ans de service effectif.

Il paraît équitable d'appliquer des dispositions analogues en ce qui concerne le recrutement des officiers d'administration de l'artillerie coloniale.

C'est dans cette intention que j'ai l'honneur de soumettre à votre haute approbation le projet de décret ci-joint sur lequel le Conseil d'État a été appelé à délibérer et qui est relatif à la nomination au grade d'officier d'administration de 3e classe, dans l'artillerie coloniale, des employés militaires de cette arme ayant au moins dix ans de service effectif.

Si vous en approuvez les dispositions, je vous serai obligé de vouloir bien le revêtir de votre signature.

Veuillez agréer, Monsieur le Président, l'hommage de mon respectueux dévouement.

Le Ministre de la guerre,
BRUN.

DÉCRET.

Le Président de la République française,

Sur le rapport du Ministre de la guerre,

Vu la loi du 7 juillet 1900, portant organisation des troupes coloniales ;

Vu le décret du 30 juillet 1899, portant organisation du personnel des ouvriers d'état d'artillerie de la marine;

Vu le décret du 3 février 1906, portant organisation du personnel des stagiaires officiers d'administration d'artillerie coloniale ;

Vu le décret du 28 août 1908, portant réorganisation de l'Ecole d'administration militaire ;

Vu l'avis du Ministre des colonies ;

Le Conseil d'Etat entendu,

Décrète :

Art. 1er. Peuvent être promus au grade d'officier d'administration de 3e classe des troupes coloniales, jusqu'à concurrence d'un dixième des nominations faites dans chaque service, et sans préjudice des règles applicables en temps de guerre, les sous-officiers des troupes coloniales ci-après désignés, régulièrement proposés à cet effet, et comptant au moins dix ans de service effectif, savoir :

1° Dans la section des officiers d'administration ouvriers d'état de l'artillerie, les ouvriers d'état ;

2° Dans la section des comptables de l'artillerie, les stagiaires officiers d'administration comptables ;

3° Dans la section des conducteurs de travaux de l'artillerie, les stagiaires officiers d'administration conducteurs de travaux.

Art. 2. Le Ministre de la guerre est chargé de l'exécution du présent décret, qui sera publié au *Journal officiel* et inséré au *Bulletin des lois*.

Fait à Rambouillet, le 1er septembre 1909.

A. FALLIÈRES.

Par le Président de la République :

Le Ministre de la guerre,

BRUN.

Décret étendant au recrutement des officiers d'administration de 3e classe des troupes coloniales (corps de l'intendance et corps de santé) les dispositions prévues par le décret du 18 juin 1904 relatif au recrutement des sous-lieutenants parmi les adjudants ayant au moins dix ans de service effectif.

Paris, le 1er septembre 1909.

RAPPORT AU PRÉSIDENT DE LA RÉPUBLIQUE FRANÇAISE.

Monsieur le Président,

L'article 39 de la loi de finances du 31 décembre 1907 a étendu au recrutement des officiers d'administration de 3e classe de l'armée métropolitaine les dispositions prévues par le décret du 18 juin 1904 et relatives au recrutement des sous-lieutenants parmi les adjudants ayant au moins dix ans de service effectif.

Il paraît équitable d'appliquer des dispositions analogues en ce qui concerne le recrutement des officiers d'administration des corps de l'intendance et de santé des troupes coloniales.

C'est dans cette intention que nous avons l'honneur de soumettre à votre haute approbation le projet de décret ci-joint, sur lequel le Conseil d'Etat a été appelé à délibérer, et qui est relatif à la nomination au grade d'officier d'administration de 3e classe, dans les corps de l'intendance militaire et de santé des troupes coloniales, des adjudants de la section de commis et ouvriers militaires d'administration et de la section d'infirmiers des troupes coloniales.

Si vous en approuvez les dispositions, nous vous serons obligés de vouloir bien le revêtir de votre signature.

Veuillez agréer, Monsieur le Président, l'hommage de notre respectueux dévouement.

Le Ministre de la guerre,
BRUN.

Le Ministre des colonies,
LÉON TROUILLOT.

DÉCRET.

Le Président de la République française,

Sur le rapport du Ministre de la guerre et du Ministre des colonies,

Vu la loi du 7 juillet 1900, portant organisation des troupes coloniales ;

Vu les règlements d'administration publique du 21 juin 1906 sur l'organisation des corps de l'intendance militaire et de santé des troupes coloniales ;

Le Conseil d'Etat entendu,

Décrète :

Art. 1er. Peuvent être promus au grade d'officier d'administration de 3e classe des troupes coloniales, jusqu'à concurrence d'un dixième des nominations faites dans chaque service, et sans préjudice des règles applicables en temps de guerre, les sous-officiers des troupes coloniales ci-après désignés, régulièrement proposés à cet effet et comptant au moins dix ans de service effectif, savoir :

1° Dans le corps de l'intendance militaire, les adjudants de la section de commis et ouvriers militaires d'administration ;

2° Dans le corps de santé, les adjudants de la section d'infirmiers.

Art. 2. Le Ministre de la guerre et le Ministre des colonies sont chargés, chacun en ce qui le concerne, de l'exécution du présent décret, qui sera publié au *Journal officiel* et inséré au *Bulletin des lois.*

Fait à Rambouillet, le 1er septembre 1909.

A. FALLIÈRES.

Par le Président de la République :

Le Ministre de la guerre,
BRUN.

Le Ministre des colonies,
LÉON TROUILLOT.

Circulaire relative à l'application du décret du 1er septembre 1909, concernant la nomination au grade d'officier d'administration de 3e classe des adjudants de la section de commis et ouvriers d'administration et de la section d'infirmiers des troupes coloniales ayant au moins dix ans de service effectif.

Paris, le 2 octobre 1909.

Aux termes du décret du 1er septembre 1909, pourront, en temps de paix, être promus au grade d'officier d'administration de 3e classe des troupes coloniales, jusqu'à concurrence d'un dixième des nominations faites dans chaque service, les sous-officiers ci-après désignés, régulièrement proposés à cet effet et comptant au moins dix ans de service effectif, savoir :

1° Dans le corps de l'intendance militaire, les adjudants de la section de commis et ouvriers militaires d'administration ;

2° Dans le corps de santé, les adjudants de la section d'infirmiers.

On se conformera, pour l'établissement des propositions, aux règles générales contenues dans l'instruction du 1er juillet 1901, relative à l'établissement des tableaux d'avancement, et aux règles particulières ci-après :

A la date du 1er octobre, les fonctionnaires de l'intendance et les officiers du service de santé qui remplissent les fonctions de chef de corps par rapport aux sections de commis et ouvriers d'administration et d'infirmiers, établiront, sans consultation préalable des adjudants, des états de proposition modèle D pour les emplois désignés ci-dessus ; les états de proposition pour le grade d'officier d'administration du service de l'intendance seront établis séparément pour les adjudants du service des bureaux et pour ceux du service des magasins.

Ces états comprendront tous les adjudants susceptibles d'être proposés et qui en auront fait la demande par écrit ; ils seront transmis et fusionnés, s'il y a lieu, dans les mêmes conditions que les états modèle D relatifs à l'avancement des officiers.

Chaque proposition sera appuyée de la demande écrite du candidat, de la copie des notes qu'il a obtenues dans l'année et d'un mémoire de proposition modèle F faisant ressortir, dans la colonne réservée aux avis des supérieurs hiérarchiques, les qualités militaires, la valeur morale et les connaissances professionnelles de candidats.

A défaut de candidat réunissant les conditions, il sera établi un état modèle D « Néant ».

Les états modèle D, accompagnés des mémoires de proposition modèle F et des demandes écrites des candidats, seront transmis au Ministre dans la première partie du travail annuel d'avancement.

Les prescriptions de la présente circulaire entreront en vigueur dès sa réception et les états de proposition pour l'année 1909 seront établis et transmis aussitôt que possible.

Circulaire relative à l'application du décret du 1er septembre 1909, concernant la nomination au grade d'officier d'administration de 3e classe de l'artillerie coloniale, des employés militaires ayant au moins dix ans de service effectif.

Paris, le 2 octobre 1909.

Aux termes du décret du 1er septembre 1909, pourront, en temps de paix, être promus au grade d'officier d'administration de 3e classe, dans les sections des comptables, des conducteurs de travaux et des ouvriers d'Etat, jusqu'à concurrence d'un dixième des nominations faites dans chaque service, les stagiaires officiers d'administration comptables et conducteurs de travaux et les ouvriers d'Etat ayant au moins dix ans de service effectif et régulièrement proposés à cet effet.

On se conformera, pour l'établissement des propositions, aux dispositions générales contenues dans l'instruction du 1er juillet 1901, relative à l'établissement des tableaux d'avancement, et aux règles particulières ci-après :

A la date du 1er octobre, les chefs de corps ou de services intéressés établiront. sans consultation préalable des employés militaires sous leurs ordres, des états de proposition modèle D pour chacun des trois emplois ci-dessus envisagés.

Ces états comprendront tous les employés militaires susceptibles d'être proposés et qui en auront fait la demande par écrit.

Les états seront transmis et fusionnés, s'il y a lieu, dans les mêmes conditions que les états modèle D relatifs à l'avancement des officiers.

Chaque proposition sera appuyée de la demande écrite du candidat, de la copie des notes qu'il a obtenues dans l'année et d'un mémoire de proposition modèle F, faisant ressortir, dans la colonne réservée aux avis des supérieurs hiérarchiques, les qualités militaires, la valeur morale et le degré des connaissances professionnelles du candidat.

A défaut de candidats réunissant les conditions, il sera établi un état modèle D « Néant ».

Les états modèle D, accompagnés des mémoires de proposition modèle F, et les demandes écrites des candidats seront transmis au Ministre dans la première partie du travail annuel d'avancement.

Les prescriptions de la présente circulaire entreront en vigueur dès sa réception et les états de proposition pour l'année 1909 seront établis et transmis aussitôt que possible.

Décret relatif au recrutement des officiers d'administration de 3e classe de l'artillerie coloniale par nomination directe à ce grade des stagiaires officiers d'administration de 1re classe et des chefs armuriers de 1re classe.

Paris, le 4 avril 1914.

Le Président de la République française,

Sur le rapport du Ministre de la guerre,

Vu la loi du 2 juillet 1900 réglant et unifiant la situation des personnels militaires ci-après :

Archivistes des bureaux d'état-major, gardes d'artillerie, adjoints du génie, officiers d'administration des divers services;

Vu le décret du 7 décembre 1900 rendant applicable aux gardes d'artillerie de marine la loi du 2 juillet 1900 et fixant pour ces employés militaires les conditions de recrutement, d'avancement et de limite d'âge;

Vu la loi du 7 juillet 1900 portant organisation des troupes coloniales;

Vu le décret du 3 février 1906 portant organisation du personnel des stagiaires officiers d'administration de l'artillerie coloniale;

Vu le décret du 28 août 1908 portant organisation de l'Ecole d'administration militaire;

Vu le décret du 14 décembre 1911 relatif à l'organisation du service de l'armurerie des troupes coloniales;

Vu la loi du 17 décembre 1913 relative à la proportion des adjudants d'administration à nommer directement officiers d'administration de 3e classe et notamment l'article 2 ainsi conçu :

« La proportion des officiers d'administration de 3e classe, susceptibles d'être recrutés parmi les adjudants-chefs, les adjudants et les employés militaires assimilés, est fixé, pour chaque service intéressé, par un décret qui détermine également, s'il y a lieu, les conditions d'aptitude à exiger des candidats. »

Vu l'avis du Ministre des colonies;

Décrète :

Art. 1er. En temps de paix pourront être promus directement au grade d'officier d'administration de 3e classe des troupes coloniales, jusqu'à concurrence du 1/5 des nominations faites dans chaque service, les sous-officiers des troupes coloniales ci-après désignés, ayant au moins dix ans de service militaire effectif, régulièrement proposés par leurs chefs hiérarchiques et portés au tableau d'avancement, savoir :

1° Dans la section des comptables de l'artillerie, les stagiaires officiers d'administration de 1re classe comptables;

2° Dans la section des conducteurs de travaux de l'artillerie, les stagiaires officiers d'administration de 1re classe conducteurs de travaux;

3° Dans la section des contrôleurs d'armes, les chefs armuriers de 1re classe.

Art. 2. Le Ministre de la guerre est chargé de l'exécution du présent décret, qui sera publié au *Journal officiel* et inséré au *Bulletin des lois*.

Paris, le 4 avril 1914.

R. POINCARÉ.

Par le Président de la République :

Le Ministre de la guerre,

J. NOULENS.

Décret relatif à la nomination directe, au grade d'officier d'administration de 3e classe, des adjudants-chefs et adjudants dé la section des commis et ouvriers d'administration et de la section d'infirmiers des troupes coloniales.

Paris, le 28 avril 1914.

Le Président de la République française,

Sur le rapport du Ministre de la guerre et du Ministre des colonies;

Vu la loi du 7 juillet 1900 portant organisation des troupes coloniales;

Vu les règlements d'administration publique du 21 juin 1906 sur l'organisation des corps de l'intendance et de santé des troupes coloniales;

Vu la loi du 17 décembre 1913 relative à la proportion des adjudants d'administration à nommer directement officiers d'administration de 3e classe et notamment l'article 2 ainsi conçu :

« La proportion des officiers d'administration de 3e classe susceptibles d'être recrutés parmi les adjudants et les employés militaires assimilés est fixée, pour chaque service intéressé, par un décret qui détermine également, s'il y a lieu, les conditions d'aptitude à exiger des candidats »,

Décrète :

Article 1er. En temps de paix, pourront être promus directement au grade d'officier d'administration de 3e classe des troupes coloniales jusqu'à concurrence du 1/5e des nominations faites dans chaque service les sous-officiers des troupes coloniales ci après désignés ayant au moins dix ans de service militaire effectif, régulièrement proposés par leurs chefs hiérarchiques et portés au tableau d'avancement, savoir :

1° Dans le service de l'intendance militaire, les adjudants-chefs et adjudants de la section des commis et ouvriers militaires d'administration;

2° Dans le service de santé, les adjudants-chefs et adjudants de la section d'infirmiers.

Article 2. Le Ministre de la guerre et le Ministre des colonies sont chargés, chacun en ce qui le concerne, de l'exécution du présent décret, qui sera publié au *Journal officiel* et inséré au *Bulletin des lois.*

Fait à Eze, le 28 avril 1914.

R. POINCARÉ.

Par le Président de la République :

Le Ministre de la guerre,
J. NOULENS.

Le Ministre des colonies,
LEBRUN.

Instruction pour le recrutement des officiers des troupes coloniales de l'armée active provenant des candidats visés par l'article 1er (paragraphes 3, 4 et 5) et les articles 3 et 4 de la loi du 1er août 1913 (1).

Paris, le 10 octobre 1913.

I. — DISPOSITIONS GÉNÉRALES.

Les demandes des anciens élèves des grandes écoles ou des officiers de réserve visés par la loi du 1er août 1913 désireux d'être admis comme sous-lieutenants de l'armée active dans les troupes coloniales devront toujours être accompagnées d'un certificat de visite et de contre-visite constatant l'aptitude de l'intéressé à servir aux colonies.

A toute demande ou proposition d'admission seront joints en outre : l'état des services, une copie du feuillet du personnel de l'intéressé et une feuille de renseignements du général commandant la subdivision de résidence (2).

---

(1) Complété par l'addition du 15 décembre 1913.

(2) Cette dernière pièce n'est à fournir ni par les anciens élèves des grandes écoles civiles non libérés définitivement du service actif, ni par les officiers de réserve en service au Maroc.

II. — Anciens élèves des grandes écoles civiles visés par les paragraphes 3 et 4 de l'article 1er de la loi du 1er août 1913.

A) *Anciens élèves de l'Ecole nationale supérieure des mines ou de l'Ecole centrale des arts et manufactures.*

Les anciens élèves de l'Ecole nationale supérieure des mines ou de l'Ecole centrale des arts et manufactures remplissant les conditions fixées par les paragraphes 3 et 4 de la loi du 1er août 1913 peuvent être admis comme sous-lieutenants de l'armée active dans l'artillerie coloniale.

Les demandes formulées par eux à cet effet seront adressées au Ministre dans les conditions suivantes :

a) Pour ceux accomplissant comme sous-lieutenants de réserve la deuxième année de service à laquelle ils sont astreints par la loi du 21 mars 1905, ces demandes seront transmises par l'intermédiaire du chef de corps, qui les revêtira de son avis. Elles devront parvenir à l'administration centrale (8e Direction; 3e Bureau) pour le 1er septembre.

b) Pour ceux accomplissant leur première année de service après la sortie de l'Ecole, les demandes seront transmises dans les mêmes conditions que ci-dessus;

c) Pour ceux qui, sortant dans l'année des écoles nationales supérieure des mines ou centrale, ont accompli une année de service avant leur entrée à ces écoles, les demandes seront transmises par l'intermédiaire du directeur de l'instruction militaire, qui les revêtira de son avis. Elles devront être adressées à l'administration centrale (8e Direction; 3e Bureau) dès la clôture des examens de sortie.

Les candidats des trois catégories précédentes (*a*, *b*, *c*) nommés sous-lieutenants dans l'artillerie coloniale prendront rang du 1er octobre de l'année de la demande, sauf en ce qui concerne les anciens élèves de l'Ecole nationale supérieure des mines, qui prendront rang, sans rappel de solde, à une date antérieure d'une année.

Tous les officiers appartenant à ces trois catégories accompliront, dès leur nomination au grade de sous-lieutenant, une année d'instruction à l'Ecole militaire de l'artillerie à Fontainebleau. Ils devront être rendus à cette école pour le 1er octobre.

Les demandes de ceux d'entre eux qui postuleront simultanément pour le grade de sous-lieutenant de l'armée active dans l'artillerie métropolitaine et l'artillerie coloniale seront adressées au Ministre sous le timbre de la 3e Direction (Bureau du Personnel). Ces demandes devront indiquer l'ordre de préférence des intéressés pour leur affectation;

d) Les anciens élèves des écoles nationales supérieure des mines et centrale définitivement libérés du service actif depuis moins d'un an, adresseront leurs demandes d'admission dans l'armée active, au titre de l'artillerie coloniale, à leur chef de corps. Ces demandes seront transmises au Ministre (8e Direction; 3e Bureau), par la voie hiérarchique, au fur et à mesure qu'elles se produiront.

Les officiers de réserve de cette catégorie libérés du service actif depuis plus d'un an devront accomplir, avant de pouvoir postuler leur admission dans l'armée active au titre de l'artillerie coloniale, un stage de deux mois dans un corps de troupe d'artillerie coloniale de la métropole.

Les demandes de stages seront adressées à toute époque de l'année par les intéressés à leur chef de corps et transmises aussitôt au Ministre (8e Direction; 3e Bureau) par la voie hiérarchique.

Les propositions d'admission dans l'armée active, établies en faveur des officiers de réserve dont il s'agit, seront transmises sans délai à l'administration centrale (8e Direction; 3e Bureau) dès la fin du stage.

B) *Anciens élèves de l'Ecole normale supérieure, de l'Ecole forestière ou de l'Ecole des mines de Saint-Etienne.*

Les anciens élèves de ces écoles, remplissant les conditions fixées par le paragraphe 4 de l'article 1er de la loi du 1er août 1913 peuvent être admis comme sous-lieutenants de l'armée active dans l'infanterie coloniale.

Les demandes formulées par eux à cet effet et les propositions établies en leur faveur seront adressées au Ministre (8e Direction, 2e Bureau) dans les conditions indiquées ci-dessus aux alinéas *a* ou *d* du paragraphe A de la présente instruction pour les anciens élèves des écoles nationale supérieure des mines ou centrale.

III. — Officiers de réserve visés par le 1er alinéa du paragraphe 5 de l'article 1er de la loi du 1er aout 1913 (1).

Les officiers de réserve, candidats au grade de sous-lieutenant de l'armée active dans l'infanterie ou l'artillerie coloniales au titre du 1er alinéa du paragraphe 5 de l'article 1er, adresseront leur demande de stage d'un an à leur chef de corps (2).

Ces demandes seront transmises au Ministre (8e Direction; Bureau de l'Arme) par la voie hiérarchique au fur et à mesure qu'elles se produiront.

Les candidats des troupes métropolitaines, dont les demandes seront accueillies favorablement, passeront dans la réserve de l'armée coloniale et accompliront leur stage d'un an dans un corps des troupes coloniales stationné dans la métropole.

Les propositions d'admission dans l'armée active seront transmises en temps utile pour parvenir à l'administration centrale un mois avant l'expiration du stage (3).

IV. — Officiers de réserve visés au 2e alinéa du paragraphe 5 de l'article 1er de la loi du 1er aout 1913.

Les officiers de réserve dont il s'agit, candidats au grade de sous-lieutenants de l'armée active dans les troupes coloniales seront, sur leur demande, convoqués par leur chef de corps pour un stage de deux mois.

Les prescriptions du paragraphe III ci-dessus seront appliquées pour la transmission des demandes et l'accomplissement des stages, en ce qui concerne les candidats de cette catégorie appartenant à la réserve des troupes métropolitaines.

---

(1) Rentrent dans cette catégorie les lieutenants et sous-lieutenants de réserve autres que ceux provenant des grandes écoles civiles visées au paragraphe II ou des anciens sous-officiers retraités des troupes coloniales, quelle que soit la loi de recrutement sous le régime de laquelle ils ont satisfait à leurs obligations d'activité (circ. minist. 8553 1/11, du 2 décembre 1913).

(2) Il est entendu que la limite de 35 ans fixée par l'article 3 du décret du 13 septembre 1913 est applicable à cette catégorie d'officiers de réserve.

(3) Le programme de l'examen prévu en fin de stage sera celui des troupes métropolitaines (infanterie et artillerie): Ce programme et les dispositions relatives à l'examen seront publiés ultérieurement.

Les propositions d'admission dans l'armée active seront transmises sans délai à l'administration centrale (8e Direction; Bureau de l'Arme) dès la fin du stage.

V. — Sous-lieutenants et lieutenants de réserve ou assimilés en service au Maroc (art. 3 de la loi du 1er août 1913).

Les demandes des officiers de réserve en service au Maroc remplissant les conditions prévues au paragraphe 4 de l'article 1er de la loi du 1er août 1913 et désireux d'être nommés sous-lieutenants de l'armée active dans les troupes coloniales seront adressées dès qu'elles se produiront, avec les propositions de leurs chefs hiérarchiques, à l'administration centrale (8e Direction; Bureau de l'Arme).

Les demandes concernant les troupes coloniales formulées par les officiers de réserve des autres catégories (troupes métropolitaines et troupes coloniales) ainsi que celles des officiers de réserve assimilés, seront transmises à toute époque de l'année de manière à parvenir à l'administration centrale (8e Direction; Bureau de l'Arme) un mois avant l'expiration du séjour fixé par l'article 3 de la loi du 1er août 1913 (un ou deux ans, suivant le cas.

VI. — Officiers appartenant a la réserve, a la réserve spéciale visés par l'article 4 de la loi du 1er aout 1913.

Les demandes de stage de deux mois dans les troupes coloniales et les propositions d'admission dans l'armée active seront adressées dans les mêmes conditions que pour les candidats visés au paragraphe IV de la présente instruction.

VII. — Officiers de réserve d'infanterie et d'artillerie coloniales autorisés a accomplir aux colonies des stages volontaires avec solde d'une durée minima de deux ans.

Des propositions d'admission dans l'armée active pourront être établies en faveur de ces officiers lorsqu'ils auront accompli, à la portion centrale du corps de troupe auquel ils auront été affectés, un temps de service égal au stage exigé des candidats de leur catégorie et subi, s'il y a lieu, l'examen prévu au paragraphe III de la présente instruction.

Instruction provisoire concernant l'organisation, dans les troupes coloniales, de l'examen auquel doivent satisfaire, pour pouvoir être nommés sous-lieutenants de l'armée active, les officiers de réserve visés par le paragraphe 5 (1er alinéa) de l'article 1er de la loi du 1er août 1913.

Paris, le 28 mai 1914.

L'instruction provisoire du 19 mars 1914 (*B. O.*, P. P., p. 433) donne les bases générales et le programme de l'examen auquel doivent satisfaire, pour pouvoir être nommés sous-lieutenants dans l'armée active, les officiers de réserve visés par le paragraphe 5 (1er alinéa) de l'article 1er de la loi du 1er août 1913.

En exécution des dispositions du dernier alinéa de l'article 15 de cette instruction, les détails d'organisation de l'examen des candidats appartenant aux troupes coloniales sont réglés comme il suit :

ART. 1er. — **Candidats en service en France.**

I. — INFANTERIE COLONIALE.

a) Les candidats appartenant à l'infanterie coloniale, en service dans les régiments de la métropole, subissent leur examen devant une commission constituée à Paris par les soins du général commandant le corps d'armée des troupes coloniales et comprenant :

1 général de brigade, président;

1 colonel ou lieutenant-colonel,
2 chefs de bataillon,
1 capitaine,
choisis parmi les officiers en service dans les régiments d'infanterie coloniale de la garnison de Paris.

b) La commission d'examen se réunit, en principe, dans la 2e semaine de chaque mois pour examiner les candidats dont le stage d'un an expire dans le courant du mois suivant.

c) Les sujets des compositions écrites sont fixés par le général commandant le corps d'armée des troupes coloniales, qui prend toutes les précautions utiles pour éviter les indiscrétions.

Les épreuves sont organisées et exécutées suivant les règles prévues par l'instruction du 6 janvier 1910 (article 12 à 16 inclus) pour l'admission dans les écoles de sous-officiers élèves officiers.

d) Le général commandant le corps d'armée des troupes coloniales transmet au Ministre de la guerre (8ᵉ Direction; Cabinet du Directeur), avec son avis motivé, les résultats de chaque examen.

II. — Artillerie coloniale.

a) Les candidats appartenant à l'artillerie coloniale en service dans les régiments de la métropole subissent leur examen à l'Ecole militaire de l'artillerie, dans les conditions fixées par l'instruction provisoire du 30 avril 1914 pour les candidats appartenant à l'artillerie métropolitaine.

Le chef d'escadron d'artillerie coloniale et 1 capitaine instructeur militaire de cette arme, en service à l'Ecole militaire de l'artillerie, remplacent dans la commission d'examen un des 2 chefs d'escadron et le capitaine instructeur militaire de l'artillerie métropolitaine.

b) Le général commandant l'Ecole militaire de l'artillerie transmet au Ministre de la guerre (8ᵉ Direction; Cabinet du directeur), avec son avis motivé, les résultats de chaque examen.

Art. 2. — **Candidats en service au Maroc.**

Les lieutenants et sous-lieutenants de réserve, en service au Maroc, âgés de 26 ans au moins et de 35 ans au plus, qui demandent leur titularisation dans l'armée active avec le grade de sous-lieutenant après un an de service dans les troupes du corps d'occupation, sont rapatriés en temps voulu pour pouvoir subir leur examen dans les conditions fixées ci-dessus pour les candidats en service dans la métropole.

En cas d'insuccès, les officiers de réserve de cette catégorie peuvent être admis à continuer leur stage au Maroc et conservent alors le droit de bénéficier éventuellement des dispositions de l'article 3 de la loi du 1ᵉʳ août 1913.

Art. 3. — **Candidats en service aux colonies.**

Les commandants supérieurs des troupes organisent les examens au siège de leur commandement en se conformant aux dispositions prévues ci-dessus pour l'organisation, en France, de l'examen à subir par les candidats appartenant à l'infanterie coloniale.

La commission d'examen est, autant que possible, constituée au moyen d'officiers appartenant à la même arme que les candidats. Le commandant supérieur la préside en personne dans les colonies où il est le seul officier général et dans celles où il n'existe pas d'officier de ce rang.

Dispositions communes aux officiers et à la troupe.

Notes à donner aux militaires en cours d'opérations de guerre.

Circulaire relative aux notes à donner aux militaires en cours d'opérations de guerre.

(Direction des Troupes coloniales ; Bureau technique.)

Paris, le 26 mars 1906.

Mon attention a été attirée sur la façon un peu vague dont sont souvent notés, au feuillet du personnel et au carnet de notes, les officiers et sous-officiers des troupes coloniales qui ont pris part à des opérations militaires. Les chefs chargés de les noter ne précisent pas suffisamment quelle a été leur contenance en présence de l'ennemi. Or, il est de la plus haute importance de mettre à profit ces circonstances, qui deviennent de plus en plus rares, pour apprécier d'une façon judicieuse et complète les qualités ou les défauts de cœur, de jugement et de caractère qui ne peuvent s'affirmer pleinement que dans ces conditions.

Puisque la vie coloniale offre encore des occasions de juger les hommes à leur valeur guerrière exacte, l'intérêt de l'armée exige qu'on en profite. Je vous recommande donc de donner des ordres pour que les officiers et sous-officiers qui prendront part à des opérations de guerre soient notés avec précision et sans rien passer sous silence par ceux qui les auront vus à l'œuvre, sur leur contenance avant le combat, pendant le combat et sous le feu.

Troupe. — Dispositions communes à toutes les armes.

Circulaire relative aux gradés qui remettent leurs galons pour servir dans une colonie en guerre.

(Direction des Troupes coloniales ; Bureau technique.)

Paris, le 14 septembre 1903.

La question a été posée de savoir s'il y avait lieu d'appliquer les dispositions de la décision du 31 août 1840 aux sous-officiers, caporaux et brigadiers des troupes coloniales qui remettent leurs galons pour partir dans une colonie en guerre.

Il convient d'observer que ces militaires sont, en raison du service spécial des troupes coloniales, appelés à servir tôt ou tard aux colonies, et que, en faisant l'abandon de leur grade, ils ont en vue de s'assurer sur leurs camarades l'avantage des campagnes de guerre aux colonies.

Dans ces conditions, le Ministre a décidé que la décision du 31 août 1840 ne sera pas appliquée aux gradés des troupes coloniales dont il s'agit.

Toutefois, cette décision sera appliquée aux gradés qui rendent leurs galons, quand il est fait appel à des volontaires au moment d'une expédition coloniale.

Troupe. — Dispositions spéciales à certains corps ou services.

Circulaire relative à la nomination des anciens enfants de troupe au grade de caporal dans les troupes coloniales.

(Direction des Troupes coloniales ; Bureau technique.)

Paris, le 9 juin 1904.

La question s'est posée de savoir si les prescriptions particulières pour la nomination au grade de caporal, qui sont contenues dans l'article 88 (7e alinéa) de l'instruction du 21 octobre 1901, sur les écoles militaires préparatoires d'infanterie, étaient applicables aux troupes coloniales.

Elle doit être résolue par la négative.

Circulaire relative aux mesures à prendre pour sauvegarder les intérêts des militaires des troupes coloniales proposés pour l'avancement ou des décorations et qui changent de corps (1).

(Direction des Troupes coloniales ; Bureau technique.)

Paris, le 19 décembre 1904.

Il m'a été rendu compte que quelques corps des troupes coloniales en garnison aux colonies avaient perdu de vue les mesures qui ont été prises pour sauvegarder les intérêts des militaires proposés pour l'avancement ou pour des décorations et qui changent de corps (dépêche ministérielle manuscrite (Marine) du 9 mars 1900 ; instruction du 26 mai 1905).

Pour prévenir le retour de semblables omissions et pour mettre les mesures précitées en harmonie avec l'instruction du 28 novembre 1903 relative à la destination ou à l'affectation à donner aux militaires des troupes coloniales rapatriés, j'ai arrêté les dispositions suivantes :

1° Un feuillet du modèle C ou C[1] suivant l'arme et conforme au modèle ci-joint sera joint au livret matricule et au livret individuel de tout militaire des troupes coloniales inscrit au tableau d'avancement pour le grade supérieur, proposé pour sous-lieutenant, ou maintenu pour une décoration par le général commandant le corps d'armée des troupes coloniales en France, par le commandant supérieur des troupes aux colonies. Les inscriptions faites sur ce feuillet seront signées par le chef de corps;

---

(1) Mise à jour par l'incorporation dans le texte des modifications qui y ont été apportées par l'instruction du 26 mai 1905.

2° Les chefs de corps en garnison aux colonies, adresseront désormais, en même temps que les pièces matriculaires des hommes rapatriés, au commandant du dépôt des isolés à Marseille, les extraits de tableau d'avancement que d'après l'instruction du 26 mai 1905 ils devaient adresser aux chefs des nouveaux corps des intéressés. Le commandant du dépôt des isolés de Marseille les fera parvenir aux corps auxquels les hommes rapatriés seront affectés.

Il n'est rien changé en ce qui concerne l'envoi de ces extraits aux corps des colonies par les chefs de corps en garnison en France.

Circulaire du 19 décembre 1904.

Format du livret individuel.

Recto.
MODÈLE C.

DURAND (Bernard). N° m[le]

1° *Inscriptions successives au tableau d'avancement.*

1° Pour caporal, le

Le Chef de corps,
(1).

2° Pour caporal fourrier, le

Le Chef de corps,
(1).

3° Pour sergent, le

Le Chef de corps,
(1).

4° Pour sergent fourrier, le

Le Chef de corps,
(1).

5° Pour sergent-major, le

Le Chef de corps,
(1).

6me Pour adjudant, le

Le Chef de corps,
(1).

7° Proposé pour sous-lieutenant au travail d'avancement de

Le Chef de corps.
(1).

(1) Cachet du régiment.

Verso.
MODÈLE C.

2° Propositions pour décorations maintenues par le général commandant le corps d'armée des troupes coloniales ou les commandants supérieurs des troupes aux colonies.

1° Pour la Légion d'honneur,
en

(1).

2° Pour la médaille militaire,
en

(1).

3° Pour les décorations coloniales (détailler)
en

(1)

4° Pour

(1)

(1) Signature et cachet du chef de corps

Circulaire du 19 décembre 1904. Format du livret individuel. *Recto.* MODÈLE C[1].

DURAND (Ernest). N° m[le]

1° *Inscriptions successives au tableau d'avancement.*

1° Pour brigadier, le

Le Chef de corps,
(1).

2° Pour brigadier fourrier, le

Le Chef de corps,
(1).

3° Pour maréchal des logis, le

Le Chef de corps,
(1).

4° Pour maréchal des logis fourrier, le

Le Chef de corps,
(1).

5° Pour maréchal des logis chef, le

Le Chef de corps.
(1).

6° Pour adjudant, le

Le Chef de corps,
(1).

7° Proposé pour sous-lieutenant au travail d'avancement de

Le Chef de corps,
(1).

(1) Cachet du régiment.

Verso.
MODÈLE C[1].

2° Propositions pour décorations maintenues par le général commandant le corps d'armée des troupes coloniales ou les commandants supérieurs des troupes aux colonies.

1° Pour la Légion d'honneur,
en

(1).

2° Pour la médaille militaire,
en

(1).

3° Pour les décorations coloniales (détailler)
en

(1)

4° Pour

(1)

(1) Signature et cachet du chef de corps.

Décret arrêtant la manière de décompter l'ancienneté des anciens gradés des troupes métropolitaines passés dans les troupes coloniales comme soldats ou dans un grade ou un emploi inférieur à celui qu'ils avaient dans les troupes métropolitaines et qui ont été renommés à leur grade ou leur emploi précédent.

(Direction des Troupes coloniales ; Bureau technique.)

Paris, le 24 février 1906.

RAPPORT AU PRÉSIDENT DE LA RÉPUBLIQUE FRANÇAISE.

Monsieur le Président,

L'application intégrale aux troupes coloniales des articles 22 et 24 de l'ordonnance du 16 mars 1838 sur l'avancement dans l'armée présente de graves inconvénients. Il en résulte, en effet, que les gradés des troupes métropolitaines qui font volontairement remise de leurs galons pour passer dans les troupes coloniales sont, au point de vue de l'avancement, traités de la même façon que ceux qui ont perdu leur grade ou leur emploi par mesure de discipline, tandis que les gradés de la réserve rengagés dans les troupes coloniales et renommés à leur ancien grade comptent pour la détermination de leur ancienneté le temps qu'ils avaient passé dans ce grade dans les troupes métropolitaines.

Il m'a paru conforme à l'équité et aux intérêts du recrutement des cadres subalternes des troupes coloniales de faire cesser cette anomalie et de décider que les gradés venus des troupes métropolitaines dans les troupes coloniales en faisant volontairement remise de leurs galons, ainsi que ceux qui sont venus de la réserve, décompteront leur ancienneté de deux façons différentes, suivant qu'ils s'agira du droit au commandement ou du droit aux propositions à l'avancement.

Dans le premier cas, ils continueront à la décompter à partir de leur dernière nomination, cette mesure étant indispensable au maintien de la discipline ; mais, dans le second, ils la décompteront en tenant compte du temps passé dans leur ancien grade. Ceux qui proviennent de la réserve feront déduction du temps qu'ils auront passé en dehors du service.

L'ancienneté sera décomptée à partir de la dernière nomination en cas d'envoi devant un conseil de guerre ou d'enquête et pour la liquidation des pensions de retraite.

Si vous approuvez ces propositions, je vous serais reconnaissant de vouloir bien revêtir de votre signature le projet de décret ci-joint.

Décret.

Le Président de la République française,

Vu la loi du 14 avril 1832 sur l'avancement dans l'armée ;

Vu l'ordonnance du 16 mars 1838 portant règlement sur la progression de l'avancement et la nomination aux emplois dans l'armée ;

Vu la décision royale du 31 août 1840 relative aux militaires qui passent d'un corps sur le pied de paix dans un corps sur le pied de guerre ;

Vu la loi du 7 juillet 1900 sur l'organisation de l'armée coloniale ;

Vu la loi du 21 mars 1905 sur le recrutement de l'armée ;

Sur le rapport du Ministre de la guerre,

Décrète :

Art. 1er. Les articles 22 et 24 de l'ordonnance du 16 mars 1838 ne sont applicables aux troupes coloniales qu'en ce qui concerne les militaires ayant perdu leur grade ou leur emploi par cassation ou rétrogradation par mesure de discipline.

Art. 2. L'ancienneté des caporaux et sous-officiers passés des troupes métropolitaines dans les troupes coloniales en faisant volontairement remise de leurs galons est décomptée de la façon suivante lorsqu'ils sont de nouveau promus à un grade ou à un emploi :

1° Au point de vue du droit au commandement, de l'envoi devant un conseil de guerre ou un conseil d'enquête et de la liquidation des pensions de retraite : à partir de la dernière nomination à ce grade ou à cet emploi dans les troupes coloniales ;

2° Au point de vue des propositions pour l'avancement et l'admission aux écoles militaires et du classement pour les emplois civils réservés aux rengagés : à partir de leur première nomination à ce grade ou emploi dans les troupes métropolitaines en faisant déduction du temps passé dans les troupes coloniales comme soldat ou dans un grade ou un emploi inférieur.

Art. 3. L'ancienneté des gradés de la réserve tant des troupes métropolitaines que des troupes coloniales qui contractent des rengagements dans les troupes coloniales dans les mêmes conditions est décomptée de la même façon, mais en ce qui concerne le paragraphe 2° de l'article 2, il est fait en plus déduction du temps qu'ils ont passé en dehors du service actif.

Art. 4. Le Ministre de la guerre est chargé de l'exécution du présent décret.

Nota. — Les règles posées par ce décret doivent être appliquées, quelle que soit l'arme d'origine des intéressés. Il en est de même pour les militaires provenant de l'armée de mer (extrait de la circulaire du 19 octobre 1907, *B. O.*, p. 1715).

Décret sur l'avancement et la nomination aux emplois du grade de sous-officier dans les troupes coloniales (1).

(Direction des Troupes coloniales ; Bureau technique.)

Paris, le 5 juillet 1907.

Rapport au Président de la République française.

Monsieur le Président,

Aux termes de l'article 12 de l'ordonnance du 16 mars 1838, l'avancement aux emplois de sous-officier a lieu au choix et les nominations sont faites, en principe, par le chef de corps, suivant les règles établies par cette ordonnance, d'après l'organisation spéciale des différentes armes.

L'application de ces principes, consacrés par une expérience de plus d'un demi-siècle, se justifie pleinement dans les troupes métropolitaines où, pour assurer le recrutement des sous-officiers, le choix des chefs de corps s'exerce sur des candidats qu'ils ont pu suivre depuis leur incorporation et dont ils ont pu, dans toutes les circonstances du service, apprécier les titres à l'avancement.

Mais cette réglementation n'est pas sans présenter de sérieux inconvénients dans les troupes coloniales soumises à d'incessantes mutations qui font se succéder à bref délai, dans tous

---

(1) Modifié le 20 juillet 1914 et le 3 décembre 1921.

les degrés de la hiérarchie, les cadres et les effectifs des divers corps de troupe.

Dans ces conditions, des divergences notables se produisent parfois dans la mesure des éléments d'appréciation qui servent à établir les choix.

De plus, il arrive fréquemment qu'un serviteur très méritant à tous égards voit différer sa nomination du fait seul de son départ aux colonies ou de sa rentrée en France, lorsque quittant un régiment dans lequel le premier emploi vacant lui eût été attribué, il est affecté à un autre corps où il sera primé par d'autres candidats.

D'autre part, les troupes coloniales sont composées presque exclusivement d'engagés et de rengagés.

Il s'ensuit qu'à de très rares exceptions près, les emplois de sous-officiers ne sont concédés, dans ces troupes, qu'après :

8 ans de services pour les sergents ;
10 ans pour les sergents-majors ;
12 ans pour les adjudants.

On ne saurait, en conséquence, entourer de trop de garanties l'obtention de grades qu'il est si difficile d'acquérir.

Des dispositions transitoires ont dû être adoptées successivement pour remédier à cet état de choses ; mais elles ne sauraient être considérées que comme un acheminement vers une réglementation répartissant d'une manière plus équitable l'avancement entre les divers candidats des troupes coloniales.

En effet, dans la pratique, sauf en ce qui concerne les emplois d'adjudant dont les nominations depuis 1902 sont faites par le Ministre sur l'ensemble d'une même arme, l'application de ces diverses mesures n'a pas donné les résultats attendus, et il est devenu indispensable de procéder à la refonte des nombreux documents qui se sont juxtaposés sur cette matière.

L'étude approfondie à laquelle j'ai fait procéder m'a amené à constater que, pour mettre fin aux inégalités provenant des mutations constantes imposées par le service colonial, le meilleur moyen serait de faire rouler l'avancement aux emplois du grade de sous-officier sur l'ensemble de chaque arme considérée comme ne formant qu'un corps, les nominations étant faites par le Ministre, au lieu de l'être par les chefs de corps.

En conséquence, j'ai fait préparer, pour le soumettre à votre haute sanction, le projet de décret ci-joint qui ne modifie les principes de l'ordonnance du 16 mars 1838, qu'en ce qui touche au mode de nomination aux emplois du grade de sous-officier dans les troupes coloniales.

Si vous approuvez les dispositions de ce projet, je vous serai obligé de vouloir bien le revêtir de votre signature.

Décret.

Le Président de la République française,

Vu la loi du 14 avril 1832 sur l'avancement dans l'armée ;

Vu la loi du 16 juillet 1906, modifiant l'article 2 de la loi du 14 avril 1832, sur l'avancement dans l'armée active ;

Vu l'ordonnance du 16 mars 1838, portant règlement sur la progression de l'avancement et la nomination aux emplois dans l'armée,

Décrète :

Art. 1er. Dans les troupes coloniales, les nominations aux emplois du grade de sous-officier, excepté celles de sergent, sergent-fourrier, maréchal des logis et maréchal des logis fourrier, sont faites par le Ministre, qui choisit parmi les candidats portés sur le tableau d'avancement dressé sur l'ensemble de l'arme et arrêté par ses soins.

Il en est de même pour les nominations au grade de caporal et de brigadier dans les sections annexes (secrétaires d'état-major, télégraphistes, infirmiers, commis et ouvriers militaires d'administration) des troupes coloniales, dans les compagnies d'ouvriers d'artillerie coloniale et dans les emplois spécialisés des petits états-majors et des unités hors rang (caporal sapeur, caporal clairon ou brigadier trompette, caporal ou brigadier armurier, caporal ou brigadier tailleur, cordonnier, sellier, maréchal ferrant).

Art. 2. Une instruction ministérielle réglera les conditions dans lesquelles il sera procédé à l'établissement du tableau d'avancement et aux nominations aux divers grades et emplois énumérés à l'article 1er ci-dessus.

Art. 3. Sont abrogées dans les troupes coloniales, sauf en ce qui concerne les militaires indigènes de ces troupes, toutes les dispositions antérieures, contraires à celles du présent décret.

Art. 4. Le Ministre de la guerre est chargé de l'exécution du présent décret.

Décret abrogeant, à dater du jour du décret fixant la cessation des hostilités, le décret du 9 juin 1915 et rétablissant l'application du décret du 5 juillet 1907, modifié par le décret du 20 juillet 1914, et relatif à l'avancement aux emplois du grade de sous-officier dans les troupes coloniales.

Paris, le 23 octobre 1919.

Art. 1er. Est abrogé à compter du jour du décret fixant la cessation des hostilités, le décret du 9 juin 1915 suspendant l'application des décrets du 5 juillet 1907 et du 20 juillet 1914 pendant la durée de la guerre.

Art. 2. Une instruction ministérielle réglera les conditions dans lesquelles sera reprise, à dater du jour du décret fixant la cessation des hostilités, l'application des décrets du 5 juillet 1907 et du 20 juillet 1914.

Instruction sur l'avancement des hommes de troupe dans les troupes coloniales (1) (2).

Paris, le 28 mai 1920.

TITRE I.

Dispositions communes aux grades et emplois énumérés à l'article 1er du décret du 5 juillet 1907 complété par le décret du 20 juillet 1914.

Par qui et comment les nominations sont faites.

Art. 1er. Les nominations aux emplois du grade de sous-officier (celles de sergent et sergent fourrier dans l'infanterie coloniale et celles de maréchal des logis ou maréchal des logis

---

(1) L'avancement des inaptes, des rengagés de six mois au titre du service général et des rengagés spéciaux de six mois fait l'objet de dispositions particulières. Les dispositions de la ente instruction ne leur sont pas applicables.

(2) Mise a jour par l'incorporation dans le texte des modifications apportées les 22 juin et 23 octobre 1920, 5 et 29 janvier, 16 février 1921, 25 avril. 25 juillet et 1er septembre 1922.

fourrier dans l'artillerie coloniale exceptées) et les nominations au grade de caporal et de brigadier dans les sections annexes (secrétaires d'état-major, télégraphistes, infirmiers, commis et ouvriers militaires d'administration) des troupes coloniales dans les compagnies d'ouvriers d'artillerie coloniale et dans les petits états-majors et les unités hors rang (caporal sapeur, caporal clairon ou brigadier trompette, caporal ou brigadier armurier, caporal ou brigadier tailleur, cordonnier, sellier, maréchal ferrant) sont faites par le Ministre, qui choisit parmi les candidats portés sur le tableau d'avancement et, en principe, suivant l'ordre du tableau.

La date à laquelle les intéressés prennent rang est indiquée par le Ministre.

Les nominations à l'emploi de sergent fourrier ou maréchal des logis fourrier sont faites par le chef de corps qui choisit parmi les sergents ou maréchaux des logis aptes à cet emploi.

Il n'est pas dérogé aux règles existantes pour les cas prévus par le titre IV de l'ordonnance du 16 mars 1838, relativement à l'avancement en campagne.

Les dispositions de cette ordonnance demeurent aussi applicables aux nominations des sous-officiers des réserves ainsi qu'à celles des militaires indigènes des troupes coloniales, sauf les exceptions prévues au titre VII ci-après pour les emplois d'adjudant indigène et d'adjudant-chef indigène.

Avis à donner des vacances de grade ou d'emploi.

Art. 2. Lorsqu'une vacance dans un des grades ou emplois énumérés à l'article 1er vient à se produire dans un corps et, quelle que soit la cause de la vacance, en dehors des vacances provenant de promotions effectuées par le Ministre, le chef de ce corps en informe aussitôt le Ministre (8e Direction; Bureau de l'Arme) au moyen d'un bulletin de vacances conforme au modèle A ci-annexé.

Etablissement du tableau annuel.

Art. 3. Il est établi annuellement, pour les corps d'infanterie et d'artillerie coloniales et sur l'ensemble de chacune de ces armes, un tableau d'avancement aux emplois du grade de sous-officier (ceux de sergent et sergent fourrier et maréchal des logis ou maréchal des logis fourrier excepté) et au grade de caporal ou brigadier dans les emplois spécialisés des petits états-majors et unités hors rang.

De même, dans les sections annexes des troupes coloniales, dans les compagnies d'ouvriers d'artillerie coloniale et, éventuellement, dans le détachement d'artificiers, il est établi un tableau d'avancement annuel aux emplois du grade de sous-officier et au grade de caporal ou brigadier.

Composition de la commission chargée d'établir le tableau annuel.

Art. 4. A l'aide des états de propositions fournis par les corps de troupe, le tableau d'avancement, à l'exception de celui pour adjudant-chef, est dressé par une commission de classement dont la composition est la suivante :

Président.. | Le Ministre ou son délégué.

Membres... Un officier général ou supérieur.... { Infanterie coloniale. Artillerie coloniale. Corps de l'intendance. Corps de santé.

Un officier supérieur de la direction des troupes coloniales.

Nombre de candidats à inscrire.

Art. 5. Le nombre des candidats à porter chaque année sur le tableau est déterminé par le Ministre avant la réunion de la commission de classement d'après le chiffre présumé des nominations à faire dans le courant de l'année.

Inscriptions au tableau d'avancement, publicité à leur donner.

Art. 6. Le tableau d'avancement est arrêté par le Ministre ; il est publié au *Journal officiel* et inséré au *Bulletin officiel* du ministère de la guerre.

Renouvellement annuel du tableau.

Art. 7. Le tableau n'est valable que pendant une année ; il est annulé de plein droit au moment où le tableau suivant est arrêté, sauf en ce qui concerne les candidats qui figuraient au tableau précédent et qui n'ont pas été promus dans le cours de l'année.

Ces candidats, dont les noms sont soulignés à l'encre rouge sur les états de propositions, sont inscrits sur les nouveaux tableaux, en principe dans l'ordre des millésimes d'inscription, à moins qu'ils n'aient démérité, auquel cas ils feront l'objet d'un rapport spécial revêtu de l'avis motivé de toutes les autorités hiérarchiques et qui sera transmis au Ministre, en vue de leur non-réinscription au nouveau tableau.

Radiation d'un militaire porté au tableau d'avancement.

Art. 8. Les militaires inscrits au tableau d'avancement peuvent être rayés ou leur nomination peut être ajournée, pour faute grave, par décision du Ministre rendue sur le rapport motivé des chefs hiérarchiques.

Les fautes commises par des militaires en service aux colonies et figurant au tableau d'avancement, dont la gravité paraîtrait au commandant supérieur des troupes de nature à entraîner la radiation de l'intéressé du tableau ou l'ajournement de sa nomination motivent l'envoi d'un câblogramme adressé au Ministre de la guerre et libellé comme suit : « Demande ajournement nomination (nom, grade, arme). » Le rapport motivé doit suivre dans le plus bref délai.

La radiation du tableau a pour effet d'annuler toute inscription antérieure.

En outre, les commandants supérieurs des troupes aux colonies signalent par câblogramme au Ministre (8e Direction; Bureau de l'arme) les noms des militaires en service aux colonies qui, figurant au tableau d'avancement, viennent à être autorisés à attendre au corps leur classement ou leur nomination à un emploi réservé ou qui sont maintenus au corps en attendant la liquidation de leur pension et ne sont plus, en conséquence, susceptibles de recevoir de l'avancement.

Epoque des propositions d'avancement.

Art. 9. Le 1er octobre de chaque année, les propositions d'avancement sont formulées par les corps de troupe sur des états distincts pour chaque emploi et conformes aux modèles ci-annexés.

Indications à porter sur les états de proposition.

Art. 10. Les états de proposition sont dressés en se basant sur les éléments d'appréciation énumérés ci-après et représentés par un certain nombre de points dont la valeur relative, au point de vue de l'importance qu'ils représentent pour le classement d'ensemble, est fixée comme il suit :

	Coefficients.
Ancienneté de service (1)	1
Ancienneté de grade (1)	1
Emploi de comptable (2)	2
Campagnes, blessures, citations (3)	1
Moyenne des notes d'appréciation	2
Note du chef de corps	2

Le total des points servant à déterminer le mérite respectif de chaque candidat est donné par la somme des produits obtenus en multipliant le coefficient dont il est affecté par le nombre représentant chacun des éléments d'appréciation.

Règles à suivre pour fixer la valeur numérique des notes.

Art. 11. Chacun des chefs appelés à noter les candidats résume son appréciation dans une seule cote numérique représentée par un nombre entier pris dans l'échelle de 0 à 20 et qualifiant à la fois la conduite, la manière de servir, l'instruction militaire, l'aptitude au commandement et, le cas échéant, à l'emploi.

Ces notes correspondent aux valeurs ci-après :

0. — Nul.
1. 2. — Très mal.
3. 4. 5. — Mal.
6. 7. 8. — Médiocre.
9. 10. 11. — Passable.
12. 13. 14. — Assez bien.
15. 16. 17. — Bien.
18. 19. — Très bien.
20. — Parfait.

---

(1) Années en excédent du nombre d'années annuellement fixé par le Ministre.

(2) Les candidats relevés d'un emploi de comptable pour incapacité ou pour faute grave n'ont droit à aucune majoration pour le temps passé dans cet emploi. Les militaires des sections annexes n'ont pas droit à cette majoration.

(3) Les militaires créoles et les originaires des quatre communes n'ont droit à la majoration « campagnes » pour services accomplis dans leur colonie d'origine que quand ils ont été désignés pour y servir après avoir effectué en France une partie de leur service militaire. Sont comptées comme citations :

a) Pendant la campagne 1914 1919 toutes les citations ayant comporté attribution de la croix de guerre;

b) En temps normal, les citations figurant au *Bulletin officiel*.

Le chef de corps complète son appréciation en inscrivant dans la colonne *ad hoc* une fraction dont le numérateur est le numéro de préférence qu'il donne au candidat et dont le dénominateur indique le nombre des candidats proposés dans le corps, élimination faite des candidats n'ayant pas obtenu la note minimum fixée par l'article 17 ci-après.

Les officiers chargés de donner les notes ne doivent pas perdre de vue :

1° Qu'en donnant des notes trop élevées aux hommes placés sous leurs ordres, ils portent un réel préjudice à ceux qui, servant dans un autre corps, sont notés exactement suivant leur mérite ;

2° Qu'en ne différenciant pas suffisamment les hommes qu'ils ont à noter, ils procurent un avancement trop rapide à la médiocrité et provoquent le découragement chez les sujets de valeur.

Epoque à laquelle les services doivent être arrêtés.

Art. 12. Les services des militaires susceptibles d'être inscrits sur les états de propositions sont arrêtés à la date du 31 décembre de l'année en cours.

Fixation de l'ancienneté dans le grade ou emploi.

Art. 13. L'ancienneté des candidats dans le grade ou emploi n'est comptée du jour de leur nouvelle nomination que pour ceux qui ont perdu leur grade ou emploi par suite de cassation ou de rétrogradation par mesure de discipline. (Art. 22 de l'ordonnance du 16 mars 1838.)

Pour les militaires provenant des troupes métropolitaines ou de la réserve de l'armée active, cette ancienneté est comptée conformément aux prescriptions des articles 2 et 3 du décret du 24 février 1906, c'est-à dire : de la date de leur première nomination dans le grade ou emploi, en faisant déduction du temps passé dans les troupes coloniales soit comme soldat, soit dans un grade ou emploi inférieur et, le cas échéant, du temps pendant lequel leur service a été interrompu.

Les mêmes règles sont applicables aux militaires provenant de l'armée de mer.

Etablissement des états de propositions.

Art. 14. A la date du 1er octobre les commandants d'unité inscrivent par ordre d'ancienneté, sur les états du modèle fixé, tous les candidats qui, remplissant les conditions annuellement fixées par le Ministre, comptent à l'effectif de l'unité ou l'ont quittée, entre le 1er mai et le 1er octobre, pour aller servir aux colonies ou pour être rapatriés.

Les commandants d'unité s'attachent à éviter toute erreur dans les inscriptions portées sur ces états et ils sont responsables de l'exactitude des renseignements fournis par eux.

Les candidats envoyés aux colonies ou rapatriés entre le 1er mai et le 1er octobre sont notés et proposés par les chefs sous les ordres desquels ils étaient placés avant la date de leur embarquement. A cet effet, les chefs de corps donnent les instructions nécessaires pour que copie de l'état signalétique et des services, du feuillet de notes et du relevé des punitions des intéressés soit conservée au corps en attendant l'établissement du travail d'avancement.

Les militaires en congé sans solde aux colonies, ceux en congé valable jusqu'à leur libération, ceux maintenus au corps en attendant la liquidation de leur pension ou leur classement ou leur nomination à un emploi réservé ne peuvent être l'objet d'aucune proposition pour l'avancement et, s'ils figurent au tableau au moment de leur mise en congé ou de la décision les maintenant au corps, leur inscription est annulée d'office, sur l'avis donné au Ministre (8e Direction; Bureau de l'arme) par le chef de corps.

Transmission des états et documents annexés.

Art. 15. Dans chaque corps, ces états sont annotés et fusionnés conformément aux règles spéciales prévues pour chaque emploi par le titre II de la présente instruction.

Dans les sections de commis et ouvriers et d'infirmiers, les notes du chef de corps, du lieutenant-colonel et du commandant de compagnie sont données respectivement par le directeur du service de l'intendance ou du service de santé, par le sous-intendant militaire ou le médecin-major et par le commandant du dépôt. ou, aux colonies, par le chef de détachement; la colonne « Note du chef de bataillon » ne reçoit aucune inscription. Les états de propositions sont distincts pour chacune des catégories de militaires dont se composent les sections; commis aux écritures et ouvriers, section de C. O. A., infirmiers, commis aux écritures et infirmiers de visite, section des infirmiers.

Dans les sections de secrétaires d'état-major et de télégraphistes coloniaux, les notes du chef de corps et du commandant de compagnie sont données : en France, par le chef d'état-major du corps d'armée colonial (secrétaires d'état-major) ou le chef d'état-major de la 2e division coloniale (télégraphistes) et par le commandant du dépôt; aux colonies, par le chef d'état-major du groupe ou par le commandant supérieur pour les colonies où il n'y a pas de chef d'état-major, et par le chef de détachement; les colonnes « Notes du chef de bataillon et du lieutenant-colonel », ne reçoivent aucune inscription. Il reste entendu que dans les sections annexes les appréciations du chef de service direct des candidats doivent entrer en ligne de compte pour l'attribution aux intéressés de la note donnée par l'autorité compétente chargée d'établir les propositions.

Aux états fusionnés adressés au Ministre sont annexés, pour tous les candidats ayant obtenu une note moyenne égale ou supérieure à 19, la copie du feuillet de notes et un relevé des punitions encourues dans les cinq dernières années.

Les supérieurs hiérarchiques des chefs de corps ou de service transmettent tous ces documents au Ministre : ils annotent les états fusionnés dans la colonne « Observations » toutes les fois qu'ils le jugent utile, et, obligatoirement, pour chaque candidat faisant l'objet d'appréciations discordantes; ils signalent également, s'il y a lieu, les différences notables qu'ils relèvent dans la manière de noter des chefs de corps ou de service sous leurs ordres.

Classement des candidats par corps.

Art. 16. Le rang des candidats sur les états fusionnés est déterminé par le total des points attribués à chaque candidat, en commençant par celui qui a obtenu le total le plus élevé.

A égalité de points, la priorité de classement est déterminée par l'ancienneté dans le grade ou emploi et, s'il y a lieu, dans le grade ou emploi précédent, au besoin par l'ancienneté de services.

Note minimum.

Art. 17. Ne doivent être portés sur les états fusionnés dans chaque corps que les candidats dont la moyenne des notes d'appréciation des chefs hiérarchiques est au moins égale au minimum fixé pour chaque grade ou emploi, savoir :

14 : pour caporal, pour sergent ou maréchal des logis;
15 : pour sergent-major ou maréchal des logis chef;
16 : pour adjudant.

Les candidats dont la moyenne est inférieure à celle qu'ils avaient obtenue l'année précédente, sont signalés par une mention à l'encre rouge dans la colonne « Observations », indiquant sommairement le motif pour lequel ils ont été moins bien notés.

Les candidats qui, étant inscrits au tableau, n'auraient pas obtenu la note moyenne exigée, seront signalés par un rapport spécial qui sera joint aux états fusionnés.

Dans ce cas, la non-obtention de la moyenne minimum peut avoir pour conséquence de faire annuler le bénéfice de toute inscription antérieure.

Le Ministre statue à cet égard.

Epoque à laquelle les états de propositions doivent parvenir au Ministre.

Art. 18. Les états de propositions et les pièces annexées sont adressés, par la voie hiérarchique, au Ministre à qui ils doivent parvenir, au plus tard, le 15 janvier de chaque année, sous le timbre (8e Direction; Bureau de l'arme).

Toutes les dispositions devront être prises pour hâter le plus possible l'envoi des documents concernant l'avancement ; ceux-ci devront être préparés à l'avance pour n'avoir plus qu'à être complétés par l'inscription des notes et mentions et par la totalisation des points.

Enregistrement de la note moyenne d'appréciation et des inscriptions au tableau.

Art. 19. Dans chaque corps, les inscriptions au tableau d'avancement sont portées à la connaissance des intéressés par la voie de l'ordre.

La note moyenne d'appréciation obtenue par le candidat et l'inscription au tableau sont mentionnées sur le feuillet de notes ou le carnet de notes de l'intéressé et sur son feuillet modèle C ou C[1], la première, dès l'établissement du travail d'avancement et, en cas de mutation d'un candidat, avant la mise en route de l'intéressé; la seconde, aussitôt après la publication des tableaux.

Propositions concernant les militaires détachés à des services spéciaux en France ou aux colonies.

Art. 20. Les militaires détachés dans des services spéciaux concourent pour l'avancement avec les autres candidats des corps dont ils sont détachés et figurent au travail annuel d'avancement de ces corps.

En outre, au point de vue de leurs aptitudes particulières et de leur manière de servir, ces militaires sont notés et proposés par l'autorité militaire sous les ordres de laquelle est placé le service dans lequel ils sont employés.

Ces propositions sont adressées, pour le 1er septembre, au chef de corps par les autorités dont elles émanent.

Aucun modèle n'est assigné pour l'établissement de ces propositions, lesquelles devront, toutefois, comporter une appréciation détaillée des titres des candidats et une note numérique résumant cette appréciation.

Cette note, qui représente la moyenne des appréciations portées sur le candidat dans le service où il est employé, est transcrite sur l'état de propositions établi par le corps dans la colonne réservée à la moyenne des « Appréciations sur la manière générale de servir »; les colonnes tracées sous le même titre et destinées à recevoir la note du capitaine, du commandant, du major et du lieutenant-colonel ne reçoivent aucune inscription.

Inscriptions d'office au tableau d'avancement.

Art. 21. En cas de faits de guerre, de services exceptionnels, de missions spéciales, le Ministre peut inscrire d'office sur le tableau d'avancement, au rang qu'il indique, les soldats, caporaux, brigadiers et sous-officiers qui lui ont été signalés comme méritant cette récompense, pourvu qu'ils remplissent les conditions fixées par les articles 14, 16 et 17 de l'ordonnance du 16 mars 1838 et celles de la loi du 10 juillet 1906.

Les propositions de cette nature peuvent être faites à tout moment de l'année et celles qui se rapportent à des faits de guerre doivent être accompagnées du rapport spécial prévu à l'article 126 de l'instruction du 1er juillet 1901, mise à jour à la date du 23 août 1907.

TITRE II.

Dispositions spéciales aux divers grades ou emplois.

CHAPITRE Ier.

AVANCEMENT A L'EMPLOI D'ADJUDANT-CHEF.

Conditions exigées pour cet emploi.

Art. 22. Ne peuvent être proposés pour l'emploi d'adjudant-chef que les adjudants comptant au moins dix ans de service et deux ans de grade de sous-officier dont un dans l'emploi d'adjudant.

L'époque à laquelle sont fournies les propositions pour l'emploi d'adjudant-chef, les formes selon lesquelles elles sont établies et transmises au Ministre sont celles prescrites pour l'établissement du travail d'avancement des officiers.

CHAPITRE II.

AVANCEMENT A L'EMPLOI D'ADJUDANT.

Conditions exigées pour cet emploi.

Art. 23. L'état de propositions pour l'emploi d'adjudant est conforme au modèle H ci-annexé.

Figurent obligatoirement sur les états établis par les commandants d'unité dans les conditions fixées à l'article 14 de la présente instruction et sous la rubrique « Choix ancien », tous les sous-officiers réunissant, au 31 décembre de l'année en cours, un minimum de huit ans de services effectifs dont au moins deux ans de grade de sous-officier dans les troupes coloniales.

En outre, les commandants d'unité sont autorisés à porter sur l'état modèle H, sous la rubrique « Choix exceptionnel », les sous-officiers jugés dignes de bénéficier d'un avancement spécial et qui, ne remplissant pas les conditions énumérées au précédent alinéa, réuniraient, au 31 décembre de l'année en cours, un minimum de cinq années de service dont deux années de grade de sous-officier dans les troupes coloniales, auraient exercé, en outre, dans ces troupes, pendant six mois, au moins, les fonctions de sous-officier comptable et auraient effectué aux colonies, sur un théâtre d'opérations extérieur ou en Algérie-Tunisie, un séjour d'au moins dix-huit mois.

Qu'ils soient proposés au titre « Choix ancien », ou au titre « Choix exceptionnel », les sergents fourriers et maréchaux des logis fourriers doivent, pour pouvoir figurer sur l'état modèle H, avoir exercé pendant six mois les fonctions de sergent de section ou de maréchal des logis de batterie.

Autorités chargées de noter les candidats.

Art. 24. Le commandant de l'unité remplit les treize premières colonnes et la colonne 21 et soumet l'état au major, qui vérifie les inscriptions portées dans les colonnes 8, 9, 10, 11, 12 et 21. Le chef de bataillon ou d'escadron et le lieutenant-colonel inscrivent successivement leurs notes; l'état est ensuite envoyé au chef de corps.

Attributions du chef de corps.

Art. 25. Le chef de corps, après avoir noté les candidats dans la colonne 17, fusionne tous les états modèle H en un seul du même modèle, sur lequel il ne porte, dans l'ordre des totaux de la colonne 20, que les sous-officiers dont la note moyenne inscrite dans la colonne 19 est au moins égale à 16. Il indique ensuite son numéro de préférence dans la colonne 18.

Il inscrit ensuite son numéro de préférence dans la colonne 18 sous la forme d'une fraction dont le numérateur exprime l'ordre dans lequel il estime que doivent être nommés les candidats sans distinction entre ceux proposés au titre « Choix ancien » et ceux proposés au titre « Choix exceptionnel » et dont le dénominateur indique le nombre de candidats proposés à quelque titre que ce soit, élimination faite des candidats du choix ancien n'ayant pas obtenu la note minimum.

CHAPITRE III.

AVANCEMENT A L'EMPLOI DE SERGENT-MAJOR OU DE MARÉCHAL DES LOGIS CHEF.

Conditions exigées pour cet emploi.

Art. 26. L'état de propositions pour l'emploi de sergent-major ou de maréchal des logis chef est conforme au modèle K ci-annexé.

Les candidats doivent, pour figurer sur cet état, réunir les conditions ci-après :

1° Avoir, au 31 décembre de l'année en cours, un minimum de cinq ans de services effectifs, dont au moins un an de grade de sous-officier dans les troupes coloniales;

2° Etre autant que possible, volontaire pour l'emploi.

A défaut de volontaires, les sergents et sergents fourriers, les maréchaux des logis et maréchaux des logis fourriers peuvent être proposés d'office si, satisfaisant aux conditions 1° ci-dessus, ils sont reconnus aptes à l'emploi.

Les sergents fourriers et maréchaux des logis fourriers qui seraient compris sur les états de proposition, alors qu'ils n'ont pas exercé pendant trois mois les fonctions de sergent de section ou de maréchal des logis de batterie sont signalés par une note annexée aux états de propositions.

Leur nomination sera subordonnée à un compte rendu du chef de corps indiquant qu'ils remplissent les conditions sus-visées (application de l'article 16 de l'ordonnance du 16 mars 1838).

Autorités chargées de noter les candidats.

Art. 27. Le commandant de l'unité remplit les treize premières colonnes et la colonne 22 et soumet l'état au major qui vérifie les inscriptions portées dans les oolonnes 8, 9, 10, 11, 12 et 22 et inscrit sa note dans la colonne 15. Le chef de bataillon ou d'escadron et le lieutenant-colonel inscrivent successivement leurs notes; l'état est ensuite envoyé au chef de corps.

Attributions du chef de corps.

Art. 28. Le chef de corps, après avoir noté les candidats dans la colonne 18, fusionne tous les états modèle K en un seul du même modèle sur lequel il ne porte, dans l'ordre des totaux de la colonne 21, que les sous-officiers dont la moyenne inscrite dans la colonne 20 est au moins égale à 15. Il indique ensuite son numéro de préférence dans la colonne 19.

CHAPITRE IV.

AVANCEMENT A L'EMPLOI DE SERGENT DANS LES SECTIONS ANNEXES DES TROUPES COLONIALES, A L'EMPLOI DE SERGENT CLAIRON DANS L'INFANTERIE COLONIALE, AUX EMPLOIS DE MARÉCHAL DES LOGIS TROMPETTE ET MARÉCHAL DES LOGIS MAÎTRE MARÉCHAL FERRANT DANS L'ARTILLERIE COLONIALE ET AUX EMPLOIS DE MARÉCHAL DES LOGIS DANS LES COMPAGNIES D'OUVRIERS D'ARTILLERIE COLONIALE.

Conditions exigées pour cet emploi.

Art. 29. L'état de propositions pour les emplois de sergent et de maréchal des logis énumérés au titre ci-dessus est conforme au modèle L ci-annexé.

Pour figurer sur cet état, les candidats doivent avoir, au 31 décembre de l'année en cours, au moins un an de grade de caporal ou de brigadier dans les troupes coloniales.

Les brigadiers maréchaux ferrants, proposés pour l'emploi de maréchal des logis maître maréchal ferrant, doivent remplir les conditions fixées par l'arrêté ministériel (guerre), du 13 juillet 1913. L'avis du vétérinaire chef de service sera porté dans la colonne « Observations » de l'état modèle L.

Les caporaux et brigadiers rengagés doivent avoir été acceptés par le conseil de régiment dont le consentement est nécessaire pour leur nomination au grade de sous-officier (article 22 du décret du 25 août 1905).

Autorités chargées de noter les candidats.

Art. 30. Le commandant de l'unité remplit les douze premières colonnes de l'état L et la colonne 21, et soumet l'état au major, qui le lui retourne après avoir vérifié les inscriptions portées dans les colonnes 8, 9, 10, 11, 12 et 21.

Le commandant de l'unité inscrit sa note. Le chef de bataillon ou le major, pour les propositions concernant la section hors rang, et le lieutenant-colonel inscrivent successivement leurs notes et l'état est ensuite envoyé au chef de corps.

Attributions du chef de corps.

Art. 31. Le chef de corps, après avoir noté les candidats dans la colonne 17, fusionne tous les états modèle L en un seul du même modèle, sur lequel il ne porte, dans l'ordre des totaux de la colonne 20, que les candidats dont la note moyenne, inscrite dans la colonne 19, est au moins égale à 15. Il indique ensuite son numéro de préférence dans la colonne 18.

CHAPITRE V.

AVANCEMENT AU GRADE DE CAPORAL ET DE BRIGADIER DANS LES SECTIONS ANNEXES DES TROUPES COLONIALES, DANS LES COMPAGNIES D'OUVRIERS D'ARTILLERIE COLONIALE ET DANS LES EMPLOIS SPÉCIALISÉS DES PETITS ÉTATS-MAJORS ET DES UNITÉS HORS RANG.

Conditions exigées.

Art. 34. L'état de propositions pour le grade de caporal et de brigadier dans les sections annexes des troupes coloniales, dans les compagnies d'ouvriers d'artillerie coloniale et dans les emplois spécialisés des petits états-majors et des unités hors rang est conforme au modèle M ci-annexé.

Pour figurer sur cet état, les candidats doivent avoir, au 31 décembre de l'année en cours, six mois au moins de services effectifs dans les troupes coloniales.

Les candidats au grade de caporal ou brigadier armurier, qui ne seraient pas pourvus du brevet de capacité pour l'emploi de chef armurier, doivent être présentés par le chef armurier et acceptés par l'officier chargé du matériel et par le major.

Autorités chargées de noter les candidats.

Art. 35. Le commandant de l'unité remplit les dix premières colonnes de l'état M et la colonne 19 et soumet cet état au major qui le lui retourne après avoir vérifié les inscriptions portées dans les colonnes 8, 9, 10 et 19.

Le commandant de l'unité inscrit sa note. Le chef de bataillon ou d'escadron, ou le major pour les propositions concernant les unités hors rang, et le lieutenant-colonel inscrivent ensuite leurs notes et l'état est ensuite envoyé au chef de corps.

En ce qui concerne les sections annexes des troupes coloniales, on se conforme aux règles données à l'article 15 ci-dessus.

L'état de propositions pour brigadier maréchal ferrant est complété par l'inscription dans la colonne « Observations » de l'avis du vétérinaire chef de service.

Attributions du chef de corps.

Art. 36. Le chef de corps, après avoir noté les candidats dans la colonne 15, fusionne, s'il y a lieu, les états modèle M en un seul du même modèle sur lequel il ne porte, dans l'ordre des totaux de la colonne 18, que les candidats dont la note moyenne inscrite dans la colonne 17 est au moins égale à 14. Il indique ensuite son numéro de préférence dans la colonne 16.

TITRE III.

Dispositions particulières à certaines catégories d'hommes de troupe.

CHAPITRE Ier.

AVANCEMENT AUX EMPLOIS DE CHEF DE FANFARE ET DE SOUS-CHEF DE FANFARE (instruction du 4 juin 1904).

Art. 37. Les chefs de fanfare sont nommés au choix par le Ministre parmi les sous-chefs proposés pour cet emploi et régulièrement classés à cet effet.

Les sous-chefs de fanfare sont nommés de même par le Ministre parmi les militaires des troupes coloniales remplissant les conditions énumérées à l'article 159 de l'instruction du 10 février 1908 sur le service courant, qui sont proposés pour cet emploi et régulièrement classés à cet effet. Toutefois, il n'est pas exigé d'eux d'avoir moins de 30 ans.

Les états de proposition pour les emplois de chef de fanfare et de sous-chef de fanfare sont conformes au modèle N ci-annexé; ils sont joints au travail d'avancement concernant les hommes de troupe adressé annuellement au Ministre.

CHAPITRE II.

AVANCEMENT AUX EMPLOIS DE MAITRE OUVRIER (instruction du 2 avril 1912).

Art. 38. Le recrutement des maîtres ouvriers des troupes coloniales fait l'objet de dispositions spéciales contenues dans l'instruction du 2 avril 1912 (É. M., vol. 4 *ter*). En conséquence, il n'y a pas lieu d'établir de propositions pour les emplois de maître ouvrier en même temps que le travail d'avancement annuel de la troupe.

CHAPITRE III.

AVANCEMENT DU PERSONNEL DU SERVICE DE L'ARMURERIE DANS LES TROUPES COLONIALES (décret du 14 septembre 1911 et instruction du 19 septembre 1911).

Art. 39. Les chefs armuriers de 1re classe sont pris parmi les chefs armuriers de 2e classe, moitié au choix et moitié à l'ancienneté.

Les chefs armuriers de 2e classe sont pris au choix parmi les sous-chefs armuriers.

Les sous-chefs armuriers sont pris au choix parmi les caporaux, brigadiers et ouvriers armuriers régimentaires des troupes coloniales ayant obtenu le certificat de capacité pour l'emploi de chef armurier après avoir accompli un stage d'instruction professionnelle dans une manufacture d'armes.

Les propositions concernant les chefs armuriers de 2e classe candidats à l'emploi de chef armurier de 1re classe et celles concernant les sous-chefs armuriers candidats à l'emploi de chef-armurier de 2e classe sont établies séparément par les chefs de corps et de service.

Les états sont du modèle prévu pour l'emploi d'adjudant (modèle H ci-annexé); les notes données par le commandant d'unité, le chef de bataillon et le lieutenant-colonel sont remplacées par une note unique, donnée par le capitaine inspecteur d'armes, à laquelle est attribuée le coefficient 2.

Ces états sont transmis et fusionnés, s'il y a lieu, dans les mêmes conditions que les états relatifs à l'avancement des sous-officiers des troupes coloniales. Ils doivent parvenir au Ministre en même temps que ces derniers.

Les caporaux, brigadiers et ouvriers armuriers qui aspirent à l'emploi de sous-chef armurier, sont envoyés, sur leur demande, en manufacture pour compléter leur instruction, dans les conditions fixées par l'instruction du 11 juillet 1913 sur le service de l'armement (*B. O.*, É. M., vol. 19, p. 211). Chaque candidat fait l'objet d'un mémoire de proposition conforme au modèle n° 1, annexé à l'instruction du 11 juillet 1913. Le certificat d'aptitude, que comprend ce mémoire de proposition est rempli :

Aux colonies, par l'officier inspecteur ou contrôleur d'armes de la Direction d'artillerie;

En France, par l'officier chargé du matériel qui, assisté du chef armurier du corps, ou d'un corps voisin (chef armurier de 1re ou de 2e classe), s'assure que le candidat offre les garanties professionnelles imposées par l'instruction précitée.

Les mémoires de proposition, appuyés de l'avis du chef de corps, sont adressés au Ministre (8e Direction; 3e Bureau) pour le 1er août de chaque année, accompagnés de la demande de l'intéressé, de l'état signalétique et de ses services et du relevé de ses punitions, depuis son entrée au service.

L'obtention, pour les caporaux ou brigadiers et ouvriers armuriers des corps de troupe, du certificat de capacité, entraîne l'inscription d'office immédiate sur le tableau d'avancement, pour sous-chef armurier. Cette inscription est faite par le Ministre (8e Direction; 3e Bureau), sur le vu du certificat de capacité qui doit être adressé au Ministre par le directeur de la manufacture.

Les hommes qui ont été incorporés étant déjà en possession dudit certificat peuvent être proposés par les chefs de corps pour sous-chefs armuriers à partir du jour où ils ont accompli deux ans de service effectif.

Ces propositions pour lesquelles aucun modèle n'est donné, accompagnées de la demande écrite des candidats et d'une copie certifiée conforme de leur certificat d'aptitude, sont adressées au Ministre (8e Direction; 3e Bureau), à toute époque de l'année, par l'intermédiaire du général commandant le C. A. C. ou, le cas échéant, du commandant supérieur des troupes.

Si ces propositions sont accueillies par le Ministre, les candidats sont inscrits au tableau d'avancement pour sous-chef armurier; ils y prennent rang d'après la date de la demande écrite jointe à leur proposition.

Les candidats sous-chefs armuriers dont la conduite, la tenue, la manière de servir ou l'aptitude au travail laissent à désirer peuvent être rayés du tableau d'avancement par décision du Ministre, sur la proposition des chefs hiérarchiques.

Les militaires qui, ayant déjà figuré au tableau d'avancement, viendraient à en être rayés pour une cause quelconque, peuvent, à nouveau, être proposés par les chefs de corps pour sous-chef armurier.

Les propositions pour le grade de caporal ou brigadier armurier sont établies et transmises au Ministre comme il est dit au chapitre V, titre II, ci-dessus. Elles sont faites, de préférence, en faveur des militaires brevetés, provenant de manufacture.

CHAPITRE IV.

AVANCEMENT A L'EMPLOI DE GARDIEN DE BATTERIE (instruction du 9 juin 1909 et décret du 20 mai 1919).

Art. 40. Le recrutement du personnel des « gardiens de batterie coloniaux » est assuré comme il est dit dans l'instruction du 9 juin 1909 (É. M., T. C., vol. 1, page 124 *bis*, et *B. O.*, 2e sem. 1909, p. 1073).

Les candidats sont inscrits sur la liste d'aptitude tenue à l'administration centrale (8e Direction; 3e Bureau), au fur et à mesure qu'ils ont obtenu le certificat d'aptitude à l'emploi et classés dans l'ordre prévu par l'article 4 de l'instruction précitée.

Les propositions pour l'emploi de « gardien de batterie colonial » sont donc fournies à toute époque de l'année; le mémoire de proposition est du modèle fixé par l'instruction sur le service courant pour les propositions à l'emploi d'adjudant gardien de batterie de France.

Art. 41. Le recrutement des gardiens de batterie de France est assuré comme il est dit dans le décret du 20 mai 1919, qui réserve chaque année aux sous-officiers d'artillerie coloniale un huitième des inscriptions au tableau d'avancement pour l'emploi d'adjudant gardien de batterie établi par le Ministre (3e Direction).

Les propositions pour l'emploi d'adjudant gardien de batterie de France sont adressées à l'administration centrale (8e Direction; 3e Bureau), à toute époque de l'année; le mémoire de proposition est du modèle fixé par l'instruction sur le service courant; copie du certificat d'aptitude à l'emploi, obtenu à l'issue d'un stage dans un parc d'artillerie, doit être jointe au mémoire de proposition.

Ces propositions ne peuvent être établies qu'en faveur des sous-officiers dont le rengagement expire avant le 1er juillet de l'année qui suit la proposition (circulaire n° 28 I 1/8 du 2 juin 1920).

CHAPITRE V.

DISPOSITIONS SPÉCIALES AUX HOMMES DE TROUPE DES TROUPES COLONIALES DÉTACHÉS DANS L'AÉRONAUTIQUE MILITAIRE AUX COLONIES.

L'avancement des militaires hommes de troupe des troupes coloniales détachés dans l'aéronautique militaire aux colonies est soumis aux règles générales établies par la présente instruction, avec les modalités ci-après :

1° Avancement aux emploi et grade de sergent et maréchal des logis et de caporal ou brigadier des militaires de l'infanterie et de l'artillerie coloniales (sauf ceux des compagnies d'ouvriers d'artillerie coloniale) :

Les tableaux d'avancement sont établis par le commandant de l'aéronautique et approuvés par le commandant supérieur des troupes du groupe.

Les bulletins de vacances modèle B ne sont pas fournis. Le commandant supérieur des troupes détermine, sur la proposition du commandant de l'aéronautique, le nombre de vacances dans les emplois et grades de sergent, maréchal des logis, caporal et brigadiers dans l'infanterie et l'artillerie coloniales.

2° Avancement à tous les grades pour les militaires des compagnies d'ouvriers et d'artificiers d'artillerie coloniale, des sections annexes des troupes coloniales, et, le cas échéant, des emplois spécialisés :

Le travail d'avancement est établi par le commandant de l'aéronautique qui remplit le rôle de chef de corps.

Les états de proposition, distincts par arme, grade ou emploi, sont envoyés par la voie hiérarchique au Ministre avec le travail d'avancement établi pour les autres militaires des troupes coloniales en service dans la colonie.

TITRE IV.

Avancement aux grades et emplois de caporal, caporal fourrier, sergent et sergent fourrier dans l'infanterie coloniale et de brigadier, brigadier fourrier, maréchal des logis et maréchal des logis fourrier dans l'artillerie coloniale.

Dispositions générales.

Article 42. Les tableaux d'avancement aux grades et emplois énumérés ci-dessus sont établis dans les corps d'infanterie et d'artillerie coloniales deux fois par an de façon à être arrêtés au moment de l'incorporation de chaque fraction du contingent. Les instructions de détail sont données à ce sujet par les généraux de brigade.

Il n'est pas établi de tableau spécial pour le grade de caporal ou de brigadier fourrier ni pour l'emploi de sergent fourrier ou de maréchal des logis fourrier. Ces gradés sont choisis parmi ceux du même grade aptes à l'emploi de fourrier. Toutefois, des propositions spéciales pour le grade de caporal fourrier ou de brigadier fourrier pourront être faites en faveur de certains soldats qui paraîtraient posséder des aptitudes spéciales pour cet emploi.

En outre, en cas de faits de guerre, de services exceptionnels ou de missions spéciales, il peut être établi, à toute époque de l'année, des propositions d'inscription d'office au tableau d'avancement ou de nomination immédiate. Ces propositions, établies comme il est dit à l'article 21 ci-dessus, sont soumises avec un état modèle P ou modèle S, suivant le cas, à l'autorité chargée d'arrêter les tableaux, qui décide, en fixant, si c'est nécessaire, le rang d'inscription au tableau.

Enfin, le Ministre peut prescrire l'inscription d'office, au tableau d'avancement, et la nomination immédiate des élèves gradés qui auraient été jugés dignes de concourir pour l'admission aux écoles de sous-officiers élèves officiers ou élèves officiers d'administration.

Les conditions dans lesquelles est accordé cet avancement exceptionnel sont fixées au titre V ci-après.

Par qui et comment les nominations sont faites.

Article 43. Toutes les nominations sont faites par les chefs de corps. Elles doivent avoir lieu, en principe, en suivant l'ordre du tableau; aucune dérogation ne peut être apportée à cette règle sans l'approbation de l'autorité chargée d'arrêter les inscriptions au tableau d'avancement.

La même autorité prononce égalcment la radiation du tableau des candidats qui auraient démérité.

Autorité chargée d'arrêter les tableaux.

Article 44. Dans l'infanterie coloniale, c'est au général de brigade qu'il appartient de prononcer le maintien ou l'ajournement des candidats proposés par les corps.

Lorsqu'il s'agit d'unités non embrigadées, le rôle attribué par la présente instruction au général de brigade est rempli, en France, par le général de la division coloniale à laquelle est rattachée l'unité si elle est endivisionnée, ou par le général commandant le corps d'armée des troupes coloniales si elle ne l'est pas; aux colonies ou sur les théâtres d'opérations extérieurs, par le général de division s'il en existe ou par le commandant supérieur des troupes.

Dans l'artillerie coloniale, le rôle attribué au général de brigade dans l'infanterie coloniale est rempli, en France, par le général commandant l'artillerie du corps d'armée des troupes coloniales; aux colonies et sur les théâtres d'opérations extérieurs, par le général commandant l'artillerie et, lorsque le commandant de l'artillerie n'est pas officier général, par le commandant supérieur des troupes.

Nombre de candidats à inscrire au tableau.

Article 45. Le nombre des candidats inscrits est déterminé d'après les indications données annuellement par le Ministre. Ce nombre doit être tel que le tableau de chaque corps soit épuisé dans les six mois environ après son apparition.

Si, à la fin de cette période, il reste encore des candidats inscrits, ils doivent être nommés avant de passer aux candidats du tableau suivant, et le nombre des inscriptions sur le nouveau tableau doit être calculé en tenant compte du nombre de candidats restants.

Attribution des vacances.

Article 46. Toute nomination au grade de caporal ou de brigadier ou à l'emploi de sergent ou de maréchal des logis devra être justifiée par une vacance effective.

En France, les chefs de corps disposent de toutes les vacances qui se produisent dans leur unité par suite de promotion, décès, cassation ou rétrogradation. Ils disposent, en outre, des vacances provenant des mêmes causes dans les corps indigènes ou mixtes stationnés dans la métropole qui auront été mises à leur disposition par le général commandant le corps d'armée des troupes coloniales.

Aux colonies et sur les théâtres d'opérations extérieurs, les chefs de corps nomment de même :

1° Aux vacances de caporal, caporal fourrier, brigadier, brigadier fourrier, sergent, sergent fourrier, maréchal des logis et maréchal des logis fourrier qui se produisent dans les corps par suite de promotion, décès, cassation ou rétrogradation;

2° Aux vacances dans les grades et emplois énumérés ci-dessus survenues par les mêmes causes dans les corps indigènes en garnison dans la colonie qui auraient été mises à leur disposition par le commandant supérieur des troupes ou par le commandant du corps d'occupation.

Les vacances provenant de toute autre cause que celles indiquées ci-dessus sont réparties sur l'ensemble de l'arme par le Ministre, qui désigne le nombre de vacances attribuées à chaque corps proportionnellement au nombre de militaires inscrits au tableau d'avancement existant dans ce corps; en conséquence, les vacances sont signalées au Ministre (8e Direction; Bureau de l'arme) par les corps, le 1er de chaque trimestre, au moyen du « bulletin de vacances » du modèle B ci-annexé.

Un compte rendu trimestriel des nominations faites sera adressé dans les mêmes conditions à l'administration centrale sur un bulletin du modèle C ci-annexé. On indiquera exactement dans la colonne « Observations » :

1° Le nombre de caporaux ou de brigadiers inscrits pour l'avancement à l'emploi de sergent ou de maréchal des logis existant au corps ainsi que leur ancienneté moyenne dans le grade de caporal ou brigadier;

2° Le nombre de soldats inscrits pour l'avancement au grade de caporal ou de brigadier existant au corps ainsi que leur ancienneté de service.

Si des vacances venaient à se produire dans un corps dont le tableau serait épuisé, il y serait pourvu au moyen d'un tableau supplémentaire que le chef de corps présenterait d'urgence à l'approbation de l'autorité chargée d'arrêter les tableaux.

Changement de corps.

Article 47. En cas de changement de corps, les candidats maintenus sont inscrits au tableau de leur nouveau corps au rang que leur confère leur total de points (colonne 19 de l'état modèle S pour les caporaux et brigadiers, colonne 19 de l'état modèle P pour les soldats), sur le vu d'un extrait du tableau d'avancement adressé au nouveau corps par l'ancien, directement toutes les fois que cela est possible, par l'intermédiaire du commandant supérieur des troupes en cas d'envoi aux colonies ou sur un théâtre d'opérations extérieur, par l'intermédiaire du commandant du dépôt des isolés à Marseille pour les militaires rapatriés des colonies. Cet extrait porte la mention : « Provient des candidats maintenus au tableau de tel semestre. »

En outre, pour permettre l'exécution des prescriptions de l'article 48 ci-après, en ce qui concerne le compte à tenir des propositions antérieures parvenues à l'autorité chargée d'arrêter les tableaux et non suivies d'effet, les propositions de ce genre, dont un militaire changeant de corps aura pu être l'objet, seront signalées dans les mêmes conditions au nouveau corps par l'ancien.

Au cas où des militaires changeant de corps dans les trois mois qui précèdent l'établissement de chaque tableau figureraient à la fois au tableau d'avancement dans leur ancien et leur nouveau corps, leur inscription définitive au tableau de leur nouveau corps sera faite au rang que leur confère leur total de points de la colonne 19, du tableau de leur ancien corps où l'on doit présumer que leurs services ont pu être plus exactement appréciés. Si des militaires de cette catégorie devaient, d'après les notes obtenues dans chacun des deux corps et d'après le nombre des candidats présents dans leur corps, en France, ou dans leur corps, aux colonies, ne figurer que sur un seul tableau, soit en France, soit aux colonies, ils bénéficieront de leur inscription définitive au tableau d'avancement au rang indiqué par la note obtenue dans le corps où ils auront été inscrits.

Toute inscription au tableau d'avancement sera mentionnée sur le feuillet modèle C du livret matricule et du livret individuel avec indication du total obtenu par le militaire intéressé dans la colonne 19 du tableau.

Toute proposition pour le grade de caporal ou brigadier ou pour l'emploi de sergent ou maréchal des logis qui sera parvenue à l'autorité chargée d'arrêter les tableaux, mais n'aura pas été suivie d'effet, sera de même mentionnée sur les deux livrets.

Etablissement des états de proposition.

Article 48. Les commandants d'unité (compagnie ou batterie) inscrivent, par ordre d'ancienneté sur les états du modèle fixé, tous les candidats qui remplissent les conditions fixées aux articles 50, 52, 52 *bis* et 52 *quater* ci-après.

Ces états sont ensuite vérifiés et annotés dans chaque corps conformément aux règles spéciales prévues par les articles 51 et 52 *ter* ci-après. Ils sont ensuite fusionnés et transmis d'après les règles suivantes. Ne sont portés sur les états fusionnés que les candidats pour lesquels la moyenne des notes d'appréciation des chefs hiérarchiques est au moins égale à 14. Ces candidats sont inscrits sur cet état fusionné non plus par ordre d'ancienneté, mais suivant l'ordre des totaux obtenus dans la colonne 19 de l'état modèle S ou dans la colonne 19 de l'état modèle P, en commençant par les plus élevés. Les candidats qui obtiennent le même total sont classés d'après leur ancienneté.

Les états définitifs ainsi dressés par le chef de corps, en double expédition. sont transmis à l'autorité chargée d'arrêter les tableaux. A l'appui de ces états sont joints les états qui ont été fournis par les commandants d'unité pour les établir.

Pour les candidats proposés qui ne sont pas inscrits au tableau d'avancement quoique ayant précédemment obtenu, dans la colonne *ad hoc*, des états modèle P et S fournis par les commandants d'unité, une note moyenne au moins égale à 14 et ayant, de ce fait, été portés sur les états de proposition soumis par les chefs de corps à l'examen de l'autorité chargée d'arrêter les tableaux. chaque proposition de cette sorte parvenue à l'échelon supérieur au chef de corps comptera pour une unité dans la colonne 13 de l'état modèle P et dans la colonne 13 de l'état modèle S.

Toutefois, la non-obtention de la note moyenne exigée pour figurer sur les états semestriels peut avoir pour conséquence de faire annuler, en totalité ou en partie, le bénéfice des propositions antérieures.

L'autorité chargée d'arrêter les inscriptions au tableau d'avancement statue à cet égard.

Approbation du tableau d'avancement.

Article 49. L'autorité à qui les chefs de corps ont soumis les états de proposition définitifs fait connaître sa décision en inscrivant dans la colonne réservée à cet effet des états modèle P et S un M (maintenu) ou un A (ajourné) en regard du nom des candidats proposés, puis barre le nom des ajournés et, après avoir signé ces états, elle en retourne une expédition au corps avec les états annexés et conserve l'autre expédition pour être classée dans ses archives.

Les candidats ainsi maintenus sont inscrits définitivement au tableau du corps en les classant entre eux, comme il a été dit plus haut, d'après le total des points figurant dans la colonne 19 de l'état modèle P ou dans la colonne 19 de l'état modèle S.

Avancement à l'emploi de sergent ou de maréchal des logis dans les corps d'infanterie et d'artillerie coloniales.

INFANTERIE COLONIALE.

Conditions exigées pour cet emploi.

Article 50. L'état de proposition pour l'emploi de sergent est conforme au modèle S ci-annexé.

Les caporaux et caporaux fourriers doivent, pour figurer sur cet état, avoir au moins cinq mois de grade de caporal dans les troupes coloniales au moment où sont arrêtés les tableaux d'avancement et avoir obtenu au classement suivant l'examen de sortie du peloton n° 2 une note moyenne atteignant au moins 12.

Les caporaux rengagés doivent, en outre, avoir été acceptés par le conseil de régiment dont le consentement est nécessaire pour leur nomination au grade de sous-officier.

Autorités chargées de noter les candidats.

Article 51. Le commandant de l'unité remplit les treize premières colonnes de l'état S et la colonne 20 et soumet l'état au major qui le lui retourne après avoir vérifié les inscriptions portées dans les colonnes 8, 9, 10, 11 et 12.

Le commandant de l'unité inscrit sa note. Le chef de bataillon ou le major, pour les propositions concernant l'unité hors rang et le lieutenant-colonel inscrivent successivement leurs notes et l'état est envoyé ensuite au colonel.

Celui-ci, après avoir noté les candidats dans la colonne 17, fusionne tous les états modèle S en un seul du même modèle comme il est dit à l'article 48 ci-dessus et adresse cet état fusionné au général de brigade.

Lorsque les candidats appartiennent à une unité inférieure à un régiment, les colonnes 16 ou 17 ne reçoivent aucune note.

Pour les unités formant corps, inférieures à un bataillon, les colonnes 15 et 16 ne reçoivent aucune note et la colonne 17 reçoit celle de l'autorité chargée d'arrêter les tableaux qui remplit dans ce cas les fonctions de chef de corps.

ARTILLERIE COLONIALE.

Article 52. Dans l'artillerie coloniale, les états de propositions pour l'emploi de maréchal des logis sont établis dans les mêmes conditions et dans les mêmes formes que pour l'infanterie coloniale.

Les candidats à l'emploi de maréchal des logis devront avoir satisfait aux examens de classement final du peloton n° 2.

Les candidats à l'emploi de maréchal des logis mécanicien doivent, en outre des conditions précitées, être en possession du certificat d'aptitude prévu par la circulaire du 3 février 1913.

Avancement au grade de caporal et de brigadier dans les corps d'infanterie et d'artillerie coloniales.

INFANTERIE COLONIALE.

Conditions exigées.

Article 52 *bis*. On ne doit nommer caporaux que les soldats qui, en plus d'une instruction générale suffisante, ont donné des preuves de leurs qualités militaires et de leur aptitude au commandement.

Le certificat délivré à la fin du peloton n° 1 n'est qu'un certificat d'aptitude au grade de caporal; il ne constitue pas un droit à l'inscription au tableau d'avancement mais il est nécessaire pour pouvoir être proposé.

La possession antérieure du grade de sous-officier ou de caporal dans les troupes métropolitaines ou coloniales tient lieu de ce certificat d'aptitude.

Aux colonies, un bon soldat peut être proposé par ses chefs sans avoir suivi le peloton n° 1, sous condition d'avoir subi un examen sur les mêmes matières que pour l'examen final de ce peloton.

Enfin, un fait de guerre bien constaté peut donner lieu à l'inscription d'office au tableau d'avancement ou à la nomination d'un homme inscrit ou non au tableau d'avancement sans qu'il ait à subir d'examen.

L'état de proposition pour le grade de caporal est conforme au modèle P ci-annexé.

Les soldats doivent, pour figurer sur cet état, avoir au moins six mois de service à la date à laquelle le tableau sera arrêté et réunir, en outre, les conditions d'aptitude énumérées ci-dessus.

Autorités chargées de noter les candidats.

Article 52 *ter*. Les commandants d'unité inscrivent par ordre d'ancienneté sur un état modèle P ci-annexé tous les anciens gradés et les hommes possédant le certificat d'aptitude, remplissent ensuite les quatorze premières colonnes et soumettent l'état au visa du major en ce qui concerne les inscriptions portées dans les colonnes 10, 11 et 12. Ils transmettent ensuite l'état au chef de bataillon qui inscrit ses notes dans la colonne 15 et l'envoie au lieutenant-colonel qui, après avoir inscrit ses notes dans la colonne 16, fait parvenir cet état au colonel.

Lorsque les hommes proposés pour caporal appartiennent à une unité formant corps, inférieure à un régiment, la colonne 16 ou la colonne 17 ne reçoivent aucune note.

Pour des unités formant corps, inférieures à un bataillon, les colonnes 15 et 16 ne reçoivent aucune note et la colonne 17 reçoit celle de l'autorité chargée d'arrêter les tableaux qui remplit, dans ce cas, les fonctions de chef de corps.

Le colonel, après avoir noté les candidats dans la colonne 17 fusionne tous les états modèle P en un seul, du même modèle, comme il est dit à l'article 48 ci-dessus et adresse cet état fusionné au général de brigade.

ARTILLERIE COLONIALE.

Article 52 *quater*. Les mêmes principes sont applicables pour l'établissement des tableaux d'avancement au grade de brigadier et de brigadier fourrier dans l'artillerie coloniale.

A cet effet, un certificat d'aptitude au grade de brigadier est donné aux canonniers sortant des pelotons d'instruction.

TITRE V.

Avancement des militaires des troupes coloniales susceptibles de concourir ultérieurement pour l'admission aux écoles de sous-officiers élèves officiers et élèves officiers d'administration.

Dispositions générales.

Art. 53. L'article 42 de la présente instruction prévoit l'inscription supplémentaire aux tableaux d'avancement et la nomination d'office consécutive des militaires qui seraient jugés dignes de concourir pour l'admission aux écoles de sous-officiers élèves officiers ou élèves officiers d'administration.

Cette inscription supplémentaire sera faite, désormais, deux fois par an, à la suite d'un concours dont les conditions sont réglées par la présente instruction.

Art. 54. Le concours susvisé a lieu en mars et septembre et seulement dans les corps des troupes coloniales stationnées en France et en Algérie-Tunisie.

Il comporte des épreuves écrites d'instruction générale dont les sujets, pris dans le programme d'enseignement des cours préparatoires aux écoles de sous-officiers élèves officiers, sont fixés par le Ministre

Les dispositions spéciales figurant à l'article 60 de la présente instruction déterminent les conditions dans lesquelles les jeunes gens incorporés aux colonies peuvent être admis à bénéficier de l'avancement au titre des écoles.

Admission au concours.

Art. 55. Peuvent être admis à concourir :

Pour le grade de caporal ou brigadier, les militaires qui, au 15 avril ou au 15 octobre suivant immédiatement le concours, compteront six mois de service au moins (quatre mois pour les soldats pourvus du brevet d'aptitude militaire prévu par l'instruction du 7 novembre 1908) et qui ont obtenu, dans l'infanterie, le certificat d'aptitude au grade de caporal avec la mention « bien » ou qui ont satisfait, dans l'artillerie, aux examens du classement final du peloton d'instruction n° 1 avec une note moyenne au moins égale à 15 (1).

Pour le grade de sous-officier, les caporaux ou brigadiers, les caporaux fourriers ou brigadiers fourriers qui auront au moins cinq mois de grade aux dates indiquées ci-dessus et qui ont obtenu, dans l'infanterie, le certificat d'aptitude professionnelle prévu par le chapitre VII de la circulaire du 7 novembre 1901 sur le service des écoles régimentaires ou qui ont satisfait, dans l'artillerie, aux examens de classement final du peloton d'instruction n° 2 avec une note moyenne égale au moins à 15 (1).

(1) Les certificats d'aptitude et la note moyenne de classement visés dans cet article ne sont valables que pour une année. Passé ce délai, les candidats doivent être examinés à nouveau.

En outre, les caporaux ou brigadiers, les caporaux fourriers ou brigadiers fourriers rengagés doivent avoir été acceptés par le conseil de régiment, dont le consentement est nécessaire pour leur nomination éventuelle au grade de sous-officier (art. 22 du décret du 25 août 1905).

L'autorisation de concourir est donnée par le chef de corps. Elle ne doit être accordée qu'aux militaires dont la manière de servir, la conduite et la tenue depuis leur entrée au service ont été exemptes de tout reproche et qui, en raison de leur zèle, de leur aptitude au commandement et surtout de leurs qualités morales, s'annoncent comme susceptibles d'être proposés ultérieurement pour le grade de sous-lieutenant.

Dans les sections annexes, l'autorisation de concourir est donnée par le général commandant le corps d'armée des troupes coloniales qui fixe le corps de troupe où les candidats de ces sections subiront les épreuves.

Les candidats peuvent être dispensés de service colonial, de manière à prendre part à trois concours successifs pour chacun des grades de caporal et de sous-officier.

Les dispenses sont accordées, dans ces limites, par l'autorité qui donne l'autorisation de concourir.

Concours.

Art. 56. Les épreuves comprennent :

Pour les candidats au grade de caporal ou brigadier.

	Coefficient.
Une composition française	6
Une dictée	4
Une composition d'histoire et de géographie	5
Une composition de mathématiques	5

Les sujets de ces compositions sont pris dans les matières enseignées au cours préparatoire du 1er degré.

Pour les candidats au grade de sous-officier.

	Coefficient.
Une composition française	7
Une composition d'histoire et de géographie	5
Une composition de mathématiques	5
Une composition de physique et de chimie	3

Les sujets de ces compositions sont pris dans les matières enseignées au cours préparatoire du 2e degré.

Les sujets sont envoyés par le Ministre (Direction des Troupes coloniales), sous pli cacheté, aux chefs de corps chargés de les remettre aux officiers désignés par eux pour la surveillance des compositions.

Les épreuves commencent le 1er mardi du mois de mars et le 1er mardi du mois de septembre et ont lieu dans l'ordre suivant :

Candidats au grade de caporal.

		Temps accordé.
Mardi....	Matin 8 h. Composition française...	3 heures.
	Soir 14 h. Dictée (la ponctuation n'est pas dictée).............	1/4 d'heure pour relire la dictée.
Mercredi.	Matin 8 h. Histoire et géographie..	2 heures.
	Soir 14 h. Mathématiques.........	3 heures.

Candidats au grade de sous-officier.

		Temps accordé.
Jeudi......	Matin 8 h. Composition francaise...	3 heures.
	Soir 14 h. Histoire et géographie.	3 heures.
Vendredi..	Matin 8 h. Mathématiques.........	3 heures.
	Soir 14 h. Physique et chimie.......	2 heures

Les candidats sont réunis à la portion centrale du régiment.

Ils sont munis par les soins du corps, au compte de la masse des écoles, des fournitures de bureau : papier, plumes, encre, nécessaires pour le concours. Le papier à en-tête imprimé sur lequel les compositions sont faites est fourni par l'administration centrale sur le vu des demandes que les corps doivent faire parvenir à la 8e Direction (Bureau de l'Arme) pour le 15 février et le 15 août.

Les épreuves sont organisées et exécutées et les compositions sont adressées au Ministre (Direction des Troupes coloniales) suivant les règles prévues par l'instruction pour l'admission dans les écoles de sous-officiers élèves officiers et sous la responsabilité des chefs de corps. Il y sera joint un état signalétique et des services, un relevé des punitions et une copie du feuillet de notes pour chaque candidat ayant concouru.

Correction des compositions.

Art. 57. Les compositions sont soumises à une commission d'officiers correcteurs désignés par le Ministre. Chacune d'elles donne lieu à l'attribution d'une note dans l'échelle de 0 à 20.

Toute note inférieure à 6 dans une des matières entraîne l'élimination du candidat.

Classement des candidats.

Art. 58. Lorsque les corrections sont terminées, les candidats sont portés, d'après l'ordre du total des points obtenus, sur des listes de classement distinctes pour l'infanterie, l'artillerie et chacune des sections annexes.

Inscription sur les tableaux. — Nominations.

Art. 59. Le Ministre arrête définitivement la liste des candidats qui seront inscrits sur les tableaux d'avancement.

Il est mis à la disposition des chefs de corps, en vue de la nomination immédiate des militaires inscrits, le nombre de vacances de caporal ou brigadier nécessaires.

La nomination immédiate des candidats à l'emploi de sergent ou maréchal des logis est faite, suivant la règle ordinaire, par le Ministre.

Toutes les nominations au titre des écoles comptent soit du 15 avril, soit du 15 octobre.

Dispositions spéciales aux jeunes gens incorporés aux colonies.

Art. 60. Les commandants supérieurs des troupes aux colonies sont autorisés à établir des propositions spéciales pour les grades de caporal ou brigadier et de sous-officier, en faveur des jeunes gens incorporés aux colonies qui seraient jugés dignes de concourir ultérieurement pour l'admission aux écoles de sous-officiers élèves officiers ou élèves officiers d'administration.

Pour bénéficier de l'avancement exceptionnel au titre des écoles, les candidats doivent :

1° Remplir les conditions énumérées à l'article 55 de la présente instruction;

2° Satisfaire à un examen préliminaire dont les épreuves portent sur les mêmes matières et sont subies dans les mêmes formes que celles fixées à l'article 56 ci-dessus.

Toutefois, la date de l'examen et les sujets des compositions sont arrêtés par le commandant supérieur des troupes et la correction des compositions effectuée par une commission d'officiers désignés par lui et opérant comme il est dit à l'article 57.

A la suite de ces épreuves, le commandant supérieur des troupes établit l'état de proposition sur lequel doivent être portés tous les candidats ayant subi l'examen; il signale par une mention particulière ceux qui lui paraîtraient devoir être ajournés en raison de la faiblesse de leur instruction générale.

Il joint à cet état de proposition et pour chacun des candidats :

1° Un état signalétique et des services;

2° Un relevé des punitions;

3° Une copie du feuillet de notes;

4° Les compositions écrites de l'intéressé, et adresse le tout au Ministre, qui statue en dernier ressort.

Les propositions spéciales de cette nature devront parvenir au Ministre le 1er avril et le 1er octobre de chaque année.

Les jeunes gens incorporés aux colonies, qui auront été jugés dignes de bénéficier de l'avancement exceptionnel au titre des écoles et qui auront été nommés sous-officiers à ce titre, pourront, lorsqu'ils auront accompli au moins deux ans de service, être envoyés au 4e régiment à Toulon ou au 1er régiment d'artillerie à Lorient, afin d'y suivre les cours préparatoires aux écoles d'élèves officiers.

Dans ce cas, ils devront, avant de quitter la colonie, se lier au service par un rengagement d'une durée telle qu'il leur permette d'accomplir un séjour en France de deux ans et un séjour réglementaire dans une colonie quelconque.

TITRE VI.

Nominations de soldats de 1re classe dans les troupes coloniales.

Art. 61. L'arrêté ministériel du 14 janvier 1889 (*B. O.*, vol. 22, p. 134), modifié par la note ministérielle du 5 février 1897, a fixé l'effectif maximum des soldats de 1re classe à nommer dans les différentes armes.

Ces dispositions sont applicables aux troupes coloniales en ce qui concerne les appelés qui servent dans ces troupes. Par suite, le nombre maximum des appelés à nommer soldats de 1re classe dans chaque corps doit être :

Dans l'artillerie coloniale, le 1/5 de l'effectif des appelés du corps, déduction faite des gradés;

Dans l'infanterie coloniale, le 1/8 de cet effectif, proportion équivalente à celle de deux par escouade, fixée pour l'infanterie dans l'arrêté susvisé.

Ces proportions sont calculées sur l'ensemble de l'effectif du corps pour tenir compte de ce que la répartition des hommes du contingent dans les unités et fractions d'unité n'est pas uniforme.

Mais les dispositions de l'arrêté du 14 janvier 1889 ne sont pas applicables aux hommes des troupes coloniales qui servent au delà de la durée légale du service. Ceux-ci peuvent être nommés soldats de 1re classe sans qu'il y ait lieu de tenir compte d'une proportion déterminée à ne pas dépasser, sous réserve de remplir entièrement les conditions prévues par le décret sur le service intérieur des corps de troupe.

Les chefs de corps ne devront pas perdre de vue que l'insigne du soldat de 1re classe est un insigne honorifique qui doit distinguer les meilleurs soldats; ils ne devront pas hésiter à rétrograder les soldats de 1re classe qui ne se montreraient plus dignes de porter cet insigne.

Nominations aux colonies des clairons, trompettes et maîtres pointeurs des batteries de 75.

Art. 62. Dans les corps stationnés aux colonies ou en service sur les théâtres d'opérations, les chefs de corps ne disposent que des vacances de clairons, trompettes et maîtres pointeurs survenues par suite de promotion, décès et renvoi à la 2e classe.

Pour les vacances provenant de toute autre cause, le Ministre fixe, d'après le nombre des clairons, trompettes et maîtres pointeurs en service en France ou à l'armée du Rhin bons pour le service colonial et celui des élèves clairons, trompettes ou pointeurs des colonies ayant terminé leur instruction spéciale, les vacances à combler au moyen d'envois de la métropole et celles attribuées aux corps stationnés aux colonies ou en service sur les théâtres d'opérations extérieurs.

Le 1er de chaque mois, les chefs de corps aux colonies ou à l'extérieur envoient au Ministre (8e Direction; Bureau de l'arme) l'état numérique des vacances de clairons, trompettes et maîtres pointeurs ne provenant pas de promotion, décès ou renvoi à la 2e classe qui se sont produites pendant le mois précédent. Ils indiquent dans la colonne « Observations » de cet état, le nombre des élèves clairons, trompettes et pointeurs ayant terminé leur instruction spéciale.

TITRE VII.

Avancement des militaires indigènes.

Art. 63. Ainsi qu'il est dit à l'article 1er de la présente instruction, les tableaux d'avancement sont établis dans les corps indigènes et pour les militaires indigènes de ces corps, conformément aux principes posés par l'ordonnance du 16 mars 1838.

Toutefois, l'avancement aux emplois d'adjudant et d'adjudant-chef a lieu d'après les règles spéciales énoncées aux articles 65 et 66 ci-après.

Il appartient aux commandants supérieurs des troupes aux colonies, au général commandant l'armée du Rhin, aux généraux commandant en chef sur les théâtres d'opérations extérieurs, en Algérie et en Tunisie, au général commandant le corps d'armée colonial, d'arrêter les mesures de détail relatives à l'établissement des tableaux d'avancement pour caporal ou brigadier, sergent ou maréchal des logis, dans les troupes indigènes placées sous leurs ordres, sous les réserves ci-après :

a) Sauf pour faits de guerre ou au titre des écoles, dans les formations sénégalaises et malgaches, nul ne peut être inscrit au tableau d'avancement pour le grade de sergent ou de maréchal des logis s'il n'a accompli depuis son entrée au service deux ans de service extérieur hors de la colonie d'origine ou dans certaines formations stationnées dans la colonie désignées par le général commandant supérieur comme ne participant pas à la relève;

b) Les autorités militaires ayant qualité pour arrêter les tableaux d'avancement peuvent inscrire au tableau, une fois par an, le 1er mai, après examen spécial, et nommer hors tour au grade supérieur, au titre des écoles, les militaires dont la manière de servir, la conduite et la tenue sont irréprochables, que leur instruction générale, leur connaissance du français et leur aptitude au commandement désignent comme susceptibles de concourir ultérieurement pour le grade de sous-lieutenant et qui, en outre, remplissent les conditions suivantes :

1° Tirailleurs comptant au moins six mois de service, titulaires du certificat d'aptitude au grade de caporal avec la mention « Bien »;

2° Caporaux comptant au moins six mois de grade.

c) Les tableaux sont établis conformément au modèle annexé à la présente instruction, le degré de connaissance de langue française des candidats étant indiqué dans la colonne « Observations ».

Art. 64. Tous les corps indigènes stationnés aux colonies et à l'extérieur bénéficient des vacances de grades qui s'y produisent par suite de promotions, de décès, de cassation ou de rétrogradations.

Les vacances provenant de libérations sont réparties sur l'ensemble des corps indigènes de même race, par le Ministre de la guerre, proportionnellement au nombre d'unités indigènes de cette race en service tant dans la colonie qu'à l'extérieur.

En principe, la relève des gradés indigènes des unités stationnées à l'extérieur est assurée, suivant les instructions données par le Ministre de la guerre, au moyen de l'envoi par la colonie d'un nombre de gradés suffisant pour maintenir à l'effectif réglementaire l'encadrement de ces unités, compte tenu des dispositions du paragraphe ci-dessus.

Dans le cas de créations nouvelles, des instructions spéciales peuvent déterminer l'effectif des cadres à fournir par la colonie d'origine et par les unités en service à l'extérieur.

Avancement à l'emploi d'adjudant-chef indigène. (Décret du 24 avril 1917.)

Art. 65. Ne peuvent être proposés pour l'emploi d'adjudant-chef indigène que les adjudants indigènes comptant au moins dix ans de service et quatre ans de grade de sous-officier, dont deux ans dans l'emploi d'adjudant.

En temps de guerre, l'ancienneté minimum de services ou de grade pour être nommé à cet emploi est réduite de moitié.

Les nominations sont faites par le Ministre de la guerre.

L'époque à laquelle les propositions sont fournies et les formes selon lesquelles elles sont adressées au Ministre sont les mêmes que celles prescrites à l'article 22 ci-dessus pour les propositions à l'emploi d'adjudant-chef dans l'infanterie coloniale.

Avancement à l'emploi d'adjudant indigène.

Art. 66. Chaque année, dans chaque colonie ou pays de protectorat, dans chaque armée d'occupation ou sur chaque théâtre d'opérations, il est établi, par arme, un tableau d'avancement unique pour l'emploi d'adjudant indigène pour chacune des races énumérées ci-après en service dans la colonie, dans l'armée d'occupation ou sur le théâtre d'opérations :

1° Annamites (Cochinchine);
2° Tonkinois (Tonkin);
3° Indo-Chinois (extérieur);
4° Sénégalais;
5° Malgaches;
6° Somalis;
7° Indigènes du Pacifique.

Art. 67. Les commandants d'unité (compagnie ou batterie) inscrivent à cet effet, par ordre d'ancienneté dans le grade de sous-officier, sur un état du modèle R ci-annexé, tous les sous-officiers comptant à l'effectif à la date du 1er octobre et qui réunissent, en outre, les conditions ci-après :

a) Dans les formations indigènes de toutes races, avoir au 31 décembre de l'année en cours, un minimum de dix ans de services effectifs, dont deux ans de grade de sous-officier.

b) Dans les formations sénégalaises et malgaches avoir, en outre, accompli quatre ans de service à l'extérieur ou dans certaines formations de la colonie, désignées par le général commandant supérieur des troupes comme ne participant pas à la relève.

Art. 68. Le commandant de l'unité remplit les neuf premières colonnes et soumet l'état au visa du major en ce qui concerne les inscriptions portées dans les colonnes nos 4, 5, 6, 7 et 8; il transmet ensuite l'état au chef de bataillon (ou d'escadron) qui inscrit ses notes dans la colonne n° 10 et l'envoie au chef de corps.

Celui-ci, après avoir inscrit ses notes dans la colonne n° 11, l'adresse au général de brigade. Le général de brigade inscrit ses notes dans la colonne n° 12, fait la moyenne des notes inscrites dans les colonnes nos 9, 10, 11 et 12, et fond les états qu'il a reçus en un seul, où il ne porte que les sous-officiers pour lesquels la moyenne d'appréciation inscrite à la colonne n° 13 est égale au moins à 16. Il adresse cet état au général commandant supérieur des troupes (1).

(1) Les attributions du commandant supérieur des troupes sont exercées, au Maroc, dans les corps d'occupation et sur les théâtres d'opérations, par le général commandant en chef, et, en Algérie, par le général commandant supérieur des troupes noires.

Dans les colonies, corps d'occupation ou théâtres d'opérations où il n'y a pas de général de brigade, la colonne n° 12 n'est pas remplie. Le chef de corps fait la moyenne des notes inscrites aux colonnes n°s 9, 10, 11 et fond les états des compagnies en un seul, qu'il adresse au général commandant supérieur et où il ne porte que les sous-officiers pour lesquels la moyenne d'appréciation est égale au moins à 16.

Art. 69. Lorsque des sous-officiers ne remplissant pas toutes les conditions indiquées à l'article 67 paraissent, néanmoins, devoir être proposés, les chefs de corps peuvent les faire figurer sur l'état de propositions en justifiant leur inscription par un rapport spécial; la mention « Rapport spécial » est inscrite sur cet état en regard de leur nom, dans la colonne « Observations ».

Art. 70. A l'état de proposition sont joints, pour chacun des sous-officiers proposés, l'état signalétique et des services, le relevé des punitions et une copie certifiée des notes trimestrielles données depuis deux ans par le commandant de l'unité.

Art. 71. Le général commandant supérieur fond en un seul, pour chacune des catégories énumérées à l'article 1er, les états fournis par les corps ou les généraux de brigade et établit les tableaux d'avancement qui sont arrêtés par lui chaque année à la date du 1er janvier.

Il peut, en outre, être établi dans le courant de l'année des tableaux supplémentaires, en cas de nouvelles formations.

Aucune autre inscription ne peut être faite, excepté en raison de faits de guerre faisant l'objet de propositions régulières dans la même forme que les propositions annuelles.

Art. 72. Les nominations sont faites en suivant l'ordre du tableau, sauf exceptions motivées par des faits de guerre.

En principe, les sous-officiers indigènes sont nommés adjudants dans les corps dont ils font partie. Il n'est dérogé à cette règle que pour des motifs exceptionnels.

Quand il y a lieu de faire une nomination, le général commandant supérieur des troupes désigne le sous-officier qui doit en bénéficier et avertit le chef du corps dans lequel cette nomination doit avoir lieu. La mutation nécessaire est faite, s'il y a lieu, en temps utile. La nomination est faite par le chef de corps conformément aux dispositions du règlement sur le service intérieur des corps de troupe.

Art. 73. Les sous-officiers inscrits au tableau d'avancement et qui n'ont pas été nommés dans le courant de l'année, sont inscrits au tableau de l'année suivante, à moins qu'ils n'aient démérité.

Art. 74. La radiation du tableau d'avancement est prononcée par le général commandant supérieur des troupes, sur le rapport du chef de corps et l'avis du général de brigade, s'il y a lieu.

Art. 75. Tout indigène inscrit au tableau d'avancement, qui vient de changer de corps ou de groupement, est inscrit de droit au tableau d'avancement correspondant du corps ou du groupement auquel il est affecté au rang que lui confère le total des points qu'il a obtenus; total inscrit, suivant le cas, dans la colonne 19 de l'état de proposition modèle P, ou dans la colonne 13 de l'état modèle R.

A cet effet, lorsqu'une mutation concernant un de ces militaires indigènes est prononcée, un extrait du tableau d'avancement le concernant doit accompagner le livret matricule de l'intéressé dans sa nouvelle destination.

(1) Désignation du corps de troupe.

MODÈLE A.

Instruction ministérielle du 28 mai 1920.

RÉPUBLIQUE FRANÇAISE.

(1)

VACANCES de sous-officiers, de caporaux ou de brigadiers signalées au Ministre.

NUMÉROS matricules.	NOMS et PRÉNOMS.	GRADES et EMPLOIS	CAUSES DES VACANCES — Indiquer la date et la cause de la radiation du militaire créant la vacance.	OBSERVATIONS. — En cas de vacance par libération, indiquer la localité (commune et, s'il y a lieu, rue et numéro) où se retire l'intéressé.

A , le 19

Le Chef de corps,

(1) Désignation du corps de troupe.

MODÈLE B.

Instruction ministérielle du 28 mai 1920.

(1)

VACANCES de sergents, de caporaux et de caporaux fourriers (ou maréchaux des logis, brigadiers et brigadiers fourriers dans l'artillerie coloniale) ne provenant pas de promotions, décès, cassations ou rétrogradations qui se sont produites pendant le. e trimestre 192 .

NUMÉROS matricules.	NOMS ET PRÉNOMS.	GRADES et EMPLOIS.	DATES ET CAUSES des VACANCES.	OBSERVATIONS.

(1) Désignation du corps de troupe.

MODÈLE C.

Instruction ministérielle du 28 mai 1920.

(1)

NOMINATIONS de sergents, de caporaux fourriers et de caporaux (ou maréchaux des logis, brigadiers fourriers et brigadiers dans l'artillerie coloniale) faites pendant le e trimestre 192 .

NOMS ET PRÉNOMS.	DURÉE EFFECTIVE des services à la date de la nomination.	CAUSES DES VACANCES.	OBSERVATIONS.
		En remplacement du caporal X... (promu, décédé, cassé ou rétrogradé) *ou bien* Vacance attribuée au corps par décision ministérielle du 19 *ou* Par ordre du commandant supérieur en date du 19 .	Nombre de soldats ou canonniers figurant sur le tableau d'avancement à la date de ce jour : Ancienneté moyenne de ces candidats (*a*)

A , le 19 .

VU .

Le Commandant supérieur des troupes,

Le Chef de corps,

(*a*) Cette ancienneté moyenne est calculée en additionnant le nombre de mois de service des candidats et en divisant le résultat par le nombre de ces candidats.

TRAVAIL D'AVANCEMENT
DE 19 .

(1)

(1) Corps, brigade ou indication de la colonie.
(2) Indication de l'arme et, s'il y a lieu, de la section (secrétaires d'état-major, télégraphistes, infirmiers coloniaux ou commis et ouvriers militaires d'administration des troupes coloniales).

RÉPUBLIQUE FRANÇAISE

(2)

MODÈLE H

Instruction ministérielle du 28 mai 1920.

Format du papier :
Hauteur.............. 0m,31
Largeur 0m,42

ÉTAT NOMINATIF DES SOUS-OFFICIERS PROPOSÉS POUR L'EMPLOI D'ADJUDANT.

N. B. Cet état doit être complété par le nombre nécessaire d'intercalaires du même format.

Renvois des pages suivantes :

A. — Dans les colonnes 4, 5, 6 et 7 doivent figurer : 1° les punitions de trente jours de prison ou d'arrêts de rigueur et au-dessus quelle que soit l'époque de la carrière où elles ont été encourues; 2° toutes les punitions encourues au cours des cinq dernières années.

B. — Indiquer le total par un nombre décimal. Chaque année de service, de grade ou de campagne compte pour une unité, 6 mois pour 0,50, 3 mois pour 0,25 et 1 mois pour 0,083. — Les durées de service, de grade ou de campagne inférieures à 15 jours ne sont pas comptées; celles égales ou supérieures à 15 jours sont comptées pour un mois complet. — Exemple : 12 ans, 4 mois, 14 jours de service sont représentés par 12,333 et 12 ans, 4 mois, 15 jours par 12,416 dans les colonnes 8, 9, 10 et 11. — Dans le total des campagnes, on ne doit faire entrer que le temps réel pendant lequel le candidat a bénéficié de la campagne, et les campagnes de guerre doivent être décomptées comme campagnes simples. *Exemple :*

au Tonkin (en guerre)	du 1er mars 1896 au 12 février 1898	1 an, 11 mois, 11 jours	donne un total de :
et à la Réunion (en paix)	du 25 mars 1900 au 31 décembre 1902	2 ans, 9 mois, 6 jours	

4 ans, 8 mois, 17 jours, arrondi à 4 ans, 9 mois, qui est indiqué dans la colonne 11 par 4,75.

Les années de service passées dans leur colonie d'origine par les militaires créoles sont comptées comme campagnes, quand ils y sont envoyés après avoir effectué en France une partie de leur service militaire.

C. — Les notes 15, 16 et 17 s'appliquent aux candidats méritant la mention *Bien;* les notes 18, 19, à ceux méritant la mention *Très bien;* et la note 20 équivaut à la mention *Parfait.* La note 20 ne doit, par suite, être donnée que dans des cas tout à fait exceptionnels.

L'appréciation porte sur la conduite, la manière de servir, l'instruction militaire et l'aptitude au commandement.

D. — Inscrit sous la forme d'une fraction dont le numérateur est le numéro de préférence et le dénominateur indique le nombre de candidats proposés, élimination faite des candidats n'ayant pas obtenu la moyenne minimum (art. 17).

E. — Détailler le total des campagnes inscrites dans la colonne 11. Par exemple : N campagnes, dont *n* de guerre. Inscrire le libellé des blessures et citations mentionnées sur les états de services et inscrites dans la colonne 12. Les blessures en service commandé ne sont pas comptées. Il en sera tenu compte, le cas échéant, dans la note d'appréciation générale.

Donner les motifs très sommaires des punitions de trente jours de prison ou d'arrêts de rigueur et au-dessus, ainsi que des condamnations, cassations, rétrogradations, réprimandes, encourues pendant toute la carrière, en mentionnant la date des punitions remontant au delà de cinq ans.

Mentionner, en outre, à l'encre rouge, dans la colonne « Observations », les candidats dont la note moyenne est inférieure à celle de l'année précédente, en indiquant sommairement les raisons de cette diminution.

F. — Le commandant d'unité ou le chef de corps.

G. — Les notes moyennes inscrites dans les colonnes 16 et 19 comportent, s'il y a lieu, deux décimales. Il en est de même du total inscrit dans la colonne 20.

(1) Corps d'armée, division, brigade ; à défaut, indication de la colonie.

(2) Indication de l'arme.

NUMÉROS MATRICULES.	NOMS et PRÉNOMS.	GRADE ET EMPLOI. — Titre sous lequel ils servent.	PUNITIONS ENCOURUES (A).				TOTAL AU 31 DÉCEMBRE DE L'ANNÉE EN COURS.			
			Consigne au quartier.	Salle de police ou arrêts simples.	Prison ou arrêts de rigueur.	Cellule.	des années de service en excédent de ans (B) Coefficient : 1.	des années passées dans le grade de sous-officier ou excédent de ans (B). Coefficient : 1.	des années passées dans l'emploi de sergent-major dans les troupes coloniales (B). Coefficient : 2.	des années entrant dans le décompte des campagnes (B). Coefficient : 1.
1	2	3	4	5	6	7	8	9	10	11

A ,le 19 .

Le (F)

(1)

NOMBRE de citations et de blessures de guerre. Coefficient : 1.	APPRÉCIATION SUR LA MANIÈRE GÉNÉRALE DE SERVIR représentée par une note de 0 à 20 (C)				NOTE du colonel ou du chef de corps (C). Coefficient : 2.	NUMÉRO de préférence donné par le chef de corps. (D).	MOYENNE des notes figurant dans les colonnes 16 et 17 (G).	SOMME des produits obtenus en multipliant par le coefficient dont il est affecté le nombre des points représentant chacun des éléments d'appréciation (G).	OBSERVATIONS (E).
	par le commandant de compagnie.	par le chef de bataillon ou d'escadron.	par le lieutenant-colonel.	Moyenne des notes figurant dans les colonnes 13, 14 et 15 (C). Coefficient : 2.					
12	13	14	15	16	17	18	19	20	

Vu :

Le Major,

TRAVAIL D'AVANCEMENT
DE 19 .

(1)

(1) Corps, brigade ou indication de la colonie.
(2) Indication de l'arme et, s'il y a lieu, de la section (secrétaires d'état-major, télégraphistes, infirmiers coloniaux ou commis et ouvriers militaires d'administration des troupes coloniales).

RÉPUBLIQUE FRANÇAISE

(2)

MODÈLE K.

Instruction ministérielle du 28 mai 1920.

Format du papier :
Hauteur 0m,31
Largeur 0m,42

(3) Sergent-major ou maréchal des logis chef.

ÉTAT NOMINATIF DES SOUS-OFFICIERS PROPOSÉS POUR L'EMPLOI DE (3)

N. B. — Cet état doit être complété par le nombre nécessaire d'intercalaires du même format.

Renvois des pages suivantes :

A. — Dans les colonnes 4, 5, 6 et 7 doivent figurer : 1° les punitions de trente jours de prison ou d'arrêts de rigueur et au-dessus quelle que soit l'époque de la carrière où elles ont été encourues; 2° toutes les punitions encourues au cours des cinq dernières années.

B. — Indiquer le total par un nombre décimal. Chaque année de service, de grade ou de campagne compte pour une unité, 6 mois pour 0,50, 3 mois pour 0,25 et 1 mois pour 0,083. — Les durées de service, de grade ou de campagne inférieures à 15 jours ne sont pas comptées; celles égales ou supérieures à 15 jours sont comptées pour un mois complet. — Exemple : 12 ans, 4 mois, 14 jours de service sont représentés par 12,333, et 12 ans, 4 mois, 15 jours par 12,416 dans les colonnes 8, 9, 10 et 11. — Dans le total des campagnes, on ne doit faire entrer que le temps réel pendant lequel le candidat a bénéficié de la campagne, et les campagnes de guerre doivent être décomptées comme campagnes simples. *Exemple :*

au Tonkin (en guerre)	du 1er mars 1896 au 12 février 1898	1 an, 11 mois 11 jours	donne un total de :
et à la Réunion (en paix)	du 25 mars 1900 au 31 décembre 1902	2 ans, 9 mois 6 jours	

4 ans, 8 mois, 17 jours, arrondi à 4 ans, 9 mois, qui est indiqué dans la colonne 11 par 4,75.

Les années de service passées dans leur colonie d'origine par les militaires créoles sont comptées comme campagnes, quand ils y sont envoyés après avoir effectué en France une partie de leur service militaire.

C. — Les notes 15, 16 et 17 s'appliquent aux candidats méritant la mention *Bien;* les notes 18, 19, à ceux méritant la mention *Très bien;* et la note 20 équivaut à la mention *Parfait.* La note 20 ne doit, par suite, être donnée que dans des cas tout à fait exceptionnels.

L'appréciation porte sur la conduite, la manière de servir, l'instruction militaire, l'aptitude au commandement et à l'emploi.

D. — Inscrit sous la forme d'une fraction dont le numérateur est le numéro de préférence et le dénominateur indique le nombre de candidats proposés, élimination faite des candidats n'ayant pas obtenu la moyenne minimum (art. 17).

E. — Détailler le total des campagnes inscrites dans la colonne 11. Par exemple : N campagnes, dont *n* de guerre. Inscrire le libellé des blessures et citations mentionnées sur les états de services et inscrites dans la colonne 12. Les blessures en service commandé ne sont pas comptées. Il en sera tenu compte, le cas échéant, dans la note d'appréciation générale.

Donner les motifs très sommaires des punitions de trente jours de prison ou d'arrêts de rigueur et au-dessus, ainsi que des condamnations, cassations, rétrogradations, réprimandes, encourues pendant toute la carrière, en mentionnant la date des punitions remontant au delà de cinq ans.

Mentionner, en outre, à l'encre rouge, dans la colonne « Observations », les candidats dont la note moyenne est inférieure à celle de l'année précédente, en indiquant sommairement les raisons de cette diminution

F. — Le commandant d'unité ou le chef de corps.

G. — Les notes moyennes inscrites dans les colonnes 17 et 20 comportent, s'il y a lieu, deux décimales. Il en est de même du total inscrit dans la colonne 21.

(1) Corps d'armée, division, brigade; à défaut, indication de la colonie.
(2) Indication de l'arme.

NUMÉROS MATRICULES.	NOMS et PRÉNOMS.	GRADE et EMPLOI — TITRE sous lequel ils servent.	PUNITIONS ENCOURUES (A).				TOTAL AU 31 DÉCEMBRE DE L'ANNÉE EN COURS				Nombre de citations et de blessures de guerre. Coefficient, 1.
			Consigne au quartier.	Salle de police ou arrêts simples.	Prison ou arrêts de rigueur.	Cellule.	des années de service en excédent de ans (B). Coefficient, 1.	des années passées dans le grade de sous-officier en excédent de ans (B). Coefficient, 1.	des années passées dans l'emploi de sergent fourrier dans les troupes coloniales (B). Coefficient, 1.	des années entrant dans le décompte des campagnes (B). Coefficient 1.	
1	2	3	4	5	6	7	8	9	10	11	12

A , le 19 .
Le (F)

(1)
(2)

APPRÉCIATION SUR LA MANIÈRE GÉNÉRALE DE SERVIR représentée par une note de 0 à 20 (C)					Note du colonel ou du chef de corps (C). Coefficient, 2.	Numéro de préférence donné par le chef de corps (D).	Moyenne des notes figurant dans les colonnes 17 et 18 (G).	Somme des produits obtenus en multipliant par le coefficient dont il est affecté le nombre des points représentant chacun des éléments d'appréciation (G).	OBSERVATIONS. (E)
par le commandant de la compagnie.	par le chef de bataillon ou d'escadrons.	par le major.	par le lieutenant-colonel.	Moyenne des notes figurant dans les colonnes 13, 14, 15 et 16 (G). Coefficient, 2.					
13	14	15	16	17	18	19	20	21	22

Vu :
Le Major.

TRAVAIL D'AVANCEMENT
DE 19 .
—
(1)

(1) Indication du corps.
(2) Indication de l'arme et, s'il y a lieu, de la section (secrétaires d'état-major, télégraphistes, infirmiers coloniaux ou commis et ouvriers militaires d'administration des troupes coloniales).

RÉPUBLIQUE FRANÇAISE

(2)

MODÈLE L.
—
Instruction ministérielle du 28 mai 1920.

Format du papier :
Hauteur 0m,31
Largeur 0m,42
(3) Caporaux, caporaux fourriers, brigadiers, brigadiers fourriers.
(4) Sergent ou maréchal des logis.

ÉTAT NOMINATIF DES (3) PROPOSÉS POUR (4)

N. B — Cet état doit être complété par le nombre nécessaire d'intercalaires du même format.

Renvois des pages suivantes :

A. — Dans les colonnes 4, 5, 6 et 7 doivent figurer : 1° les punitions de trente jours de prison ou d'arrêts de rigueur et au-dessus, quelle que soit l'époque de la carrière où elles ont été encourues; 2° toutes les punitions encourues au cours des cinq dernières années.

B. — Indiquer le total par un nombre décimal. Chaque année de service, de grade ou de campagne compte pour une unité, 6 mois pour 0,50, 3 mois pour 0,25 et 1 mois pour 0,083. — Les durées de service, de grade ou de campagne inférieures à 15 jours ne sont pas comptées; celles égales ou supérieures à 15 jours sont comptées pour un mois complet. — Exemple : 12 ans, 4 mois, 14 jours de service sont représentés par 12,333, et 12 ans, 4 mois, 15 jours par 12,416 dans les colonnes 8, 9, 10 et 11. — Dans le total des campagnes, on ne doit faire entrer que le temps réel pendant lequel le candidat a bénéficié de la campagne, et les campagnes de guerre doivent être décomptées comme campagnes simples. *Exemple :*

au Tonkin (en guerre)	du 1er mars 1896 au 12 février 1898	1 an, 11 mois, 11 jours,	donne un total de :
et à la Réunion (en paix)	du 25 mars 1900 au 31 décembre 1902	2 ans, 9 mois, 6 jours	

4 ans, 8 mois, 17 jours, arrondi à 4 ans, 9 mois, qui est indiqué dans la colonne 11 par 4,75.

Les années de service passées dans leur colonie d'origine par les militaires créoles sont comptées comme campagnes, quand ils y sont envoyés après avoir effectué en France une partie de leur service militaire.

C. — Les notes 15, 16 et 17 s'appliquent aux candidats méritant la mention *Bien;* les notes 18, 19, à ceux méritant la mention *Très bien;* et la note 20 équivaut à la mention *Parfait.* La note 20 ne doit, par suite, être donnée que dans des cas tout à fait exceptionnels.

L'appréciation porte sur la conduite, la manière de servir, l'instruction militaire, l'aptitude au commandement.

D. — Inscrit sous la forme d'une fraction dont le numérateur est le numéro de préférence et le dénominateur indique le nombre de candidats proposés, élimination faite des candidats n'ayant pas obtenu la moyenne minimum (art. 17).

E. — Détailler le total des campagnes inscrites dans la colonne 11. Par exemple : N campagnes, dont *n* de guerre. Inscrire le libellé des blessures et citations mentionnées sur les états de services et inscrites dans la colonne 12. Les blessures en service commandé ne sont pas comptées. Il en sera tenu compte, le cas échéant, dans la note d'appréciation générale.

Indiquer très sommairement les motifs de punition de trente jours de prison ou d'arrêts de rigueur et au-dessus, ainsi que des condamnations, cassations, rétrogradations, réprimandes, encourues pendant toute la carrière, en mentionnant la date des punitions remontant au delà de cinq ans.

Mentionner, en outre, à l'encre rouge, dans la colonne « Observations », les candidats dont la note moyenne est inférieure à celle de l'année précédente, en indiquant sommairement les raisons de cette diminution.

F. — Le commandant d'unité ou le chef de corps.

G. — Les notes moyennes inscrites dans les colonnes 16 et 19 comportent, s'il y a lieu, deux décimales. Il en est de même du total inscrit dans la colonne 20.

(1) Corps d'armée, division, brigade.
à défaut, indication de la colonie.
(2) Indication de l'arme

NUMÉROS MATRICULES.	NOMS et PRÉNOMS.	GRADE et EMPLOI. — Titre sous lequel ils servent.	PUNITIONS ENCOURUES (A).				TOTAL AU 31 DÉCEMBRE DE L'ANNÉE EN COURS			
			Consigne au quartier.	Salle de police ou arrêts simples.	Prison ou arrêts de rigueur.	Cellule.	des années de service en excédent de ans (B). Coefficient, 1.	des années passées dans le grade de caporal ou de brigadier en excédent de ans (B). Coefficient, 1.	des années passées dans l'emploi de caporal fourrier ou de brigadier fourrier dans les troupes coloniales (B) Coefficient, 1.	des années entrant dans le décompte des campagnes (B). Coefficient, 1.
1	2	3	4	5	6	7	8	9	10	11

A , le 19 .

Le (F)

(1)
(2)

NOMBRE de citations et de blessures de guerre. Coefficient, 1.	APPRÉCIATION SUR LA MANIÈRE GÉNÉRALE DE SERVIR représentée par une note de 0 à 20 (C).				NOTE du colonel ou du chef de corps (C). Coefficient, 2.	NUMÉRO de préférence donné par le chef de corps (D).	MOYENNE des notes figurant dans les colonnes 16 et 17 (C).	SOMME des produits obtenus en multipliant par le coefficient dont il est affecté le nombre de points représentant chacun des éléments d'appréciation (C).	OBSERVATIONS (E).
	Par le commandant de la compagnie	Par le chef de bataillon ou d'escadron.	Par le lieutenant-colonel.	Moyenne des notes figurant dans les colonnes 13, 14 et 15 (C). Coefficient, 2.					
12	13	14	15	16	17	18	19	20	21

Vu :

Le Major,

TRAVAIL D'AVANCEMENT
DE 19 .

(1)

(1) Indication du corps.
(2) Indication de l'arme et, s'il y a lieu, de la section (secrétaires d'état-major, télégraphistes, infirmiers coloniaux ou commis et ouvriers militaires d'administration des troupes coloniales).

RÉPUBLIQUE FRANÇAISE

(2)

MODÈLE M

Instruction ministérielle du 28 mai 1920.

Format du papier :

Hauteur............... 0m,31
Largeur............... 0m,42

(3) Soldats ou canonniers (indiquer la spécialisation).
(4) Caporal ou brigadier (indiquer la spécialisation.

ÉTAT NOMINATIF DES (3) ______ PROPOSÉS POUR (4)

N. B. — Cet état doit être complété par le nombre nécessaire d'intercalaires du même format.

Renvois des pages suivantes :

A. — Dans les colonnes 4, 5, 6 et 7 doivent figurer : 1° les punitions de trente jours de prison ou d'arrêts de rigueur et au-dessus, quelle que soit l'époque de la carrière où elles ont été encourues; 2° toutes les punitions encourues au cours des cinq dernières années.

B. — Indiquer le total par un nombre décimal. Chaque année de service, de grade ou de campagne compte pour une unité, 6 mois pour 0,50, 3 mois pour 0,25 et 1 mois pour 0,083. — Les durées de service, de grade ou de campagne inférieures à 15 jours ne sont pas comptées; celles égales ou supérieures à 15 jours sont comptées pour un mois complet. — Exemple : 12 ans, 4 mois, 14 jours de service sont représentés par 12,333 et 12 ans, 4 mois, 15 jours par 12,416 dans les colonnes 8 et 9. — Dans le total des campagnes, on ne doit faire entrer que le temps réel pendant lequel le candidat a bénéficié de la campagne, et les campagnes de guerre doivent être décomptées comme campagnes simples. *Exemple :*

au Tonkin (en guerre)	du 1er mars 1896 au 12 février 1898	1 an, 11 mois, 11 jours	donne un total de :
et à la Réunion (en paix)	du 25 mars 1900 au 31 décembre 1902	2 ans, 9 mois 6 jours	

4 ans, 8 mois, 17 jours, arrondi à 4 ans, 9 mois, qui est indiqué dans la colonne 9 par 4,75.

Les années de service passées dans leur colonie d'origine par les militaires créoles sont comptées comme campagnes, quand ils y sont envoyés après avoir effectué en France une partie de leur service militaire.

C. — Les notes 15, 16 et 17 s'appliquent aux candidats méritant la mention *Bien;* les notes 18, 19 à ceux méritant la mention *Très bien;* et la note 20 équivaut à la mention *Parfait*. La note 20 ne doit, par suite, être donnée que dans des cas tout à fait exceptionnels.

L'appréciation porte sur la conduite, la manière de servir, l'instruction militaire, l'aptitude au commandement.

D. — Inscrit sous la forme d'une fraction dont le numérateur est le numéro de préférence et le dénominateur indique le nombre de candidats proposés, élimination faite des candidats n'ayant pas obtenu la moyenne minimum (art. 17).

E. — Détailler le total des campagnes inscrites dans la colonne 9. Par exemple : N campagnes, dont *n* de guerre. Inscrire le libellé des blessures et citations mentionnées sur les états de services et inscrites dans la colonne 10. Les blessures en service commandé ne sont pas comptées. Il en sera tenu compte, le cas échéant, dans la note d'appréciation générale.

Indiquer très sommairement les motifs des punitions de trente jours de prison ou d'arrêts de rigueur et au-dessus, ainsi que des condamnations, cassations, rétrogradations, réprimandes, encourues pendant toute la carrière, en mentionnant la date des punitions remontant au delà de cinq ans.

Mentionner, en outre, à l'encre rouge, dans la colonne « Observations », les candidats dont la note moyenne est inférieure à celle de l'année précédente, en indiquant sommairement les raisons de cette diminution.

F. — Le commandant d'unité ou le chef de corps.

G. — Les notes moyennes inscrites dans les colonnes 14 et 17 comportent, s'il y a lieu, deux décimales. Il en est de même du total inscrit dans la colonne 18.

(1) Corps d'armée division, brigade ; à défaut indication de la colonie.

(2) Indication de l'arme.

NUMÉROS MATRICULES.	NOMS et PRÉNOMS.	GRADE et EMPLOI. — Titre sous lequel ils servent.	PUNITIONS ENCOURUES (A).				TOTAL AU 31 DÉCEMBRE de l'année en cours (B)		NOMBRE de CITATIONS et de blessures de guerre. Coefficient : 1.
			Consigne au quartier.	Salle de police ou arrêts simples.	Prison ou arrêts de rigueur.	Cellule.	des années de service. Coefficient : 1.	des années entrant dans le décompte des campagnes. Coefficient : 1.	
1	2	3	4	5	6	7	8	9	10

A , le 19 .

Le (F)

(1)

(2)

APPRÉCIATION SUR LA MANIÈRE GÉNÉRALE DE SERVIR représentées par une note de 0 à 20 (C).				NOTE du COLONEL ou du chef de corps (C) Coefficient : 2.	NUMÉRO de PRÉFÉRENCE, donné par le chef de corps (D).	MOYENNE des NOTES figurant dans les colonnes 14 et 15 (C).	SOMME des PRODUITS obtenus en multipliant par le coefficient dont il est affecté le nombre des points représentant chacun des éléments d'appréciation (C).	OBSERVATIONS (E).
Par le commandant d'unité.	Par le chef de bataillon ou d'escadron.	Par le lieutenant-colonel.	Moyenne des notes des colonnes 11, 12 et 13. Coefficient : 2.					
11	12	13	14	15	16	17	18	19

Vu :

Le Major,

DIRECTION
des
TROUPES COLONIALES.

Personnel de l'Infanterie.

(1) Désigner le corps.

RÉPUBLIQUE FRANÇAISE.

(1)

MODÈLE N.

Instruction ministérielle du 28 mai 1920.

ÉTAT NOMINATIF du sous-chef de fanfare et des musiciens présents pour les emplois de chef et de sous-chef de fanfare dans l'infanterie coloniale.

NUMÉROS matricules.	NOM et PRÉNOMS.	DATE de NAISSANCE.	GRADES.	ANCIENNETÉ au 31 décembre de l'année en cours		PUNITIONS ENCOURUES.				INSTRUMENTS dont ils jouent.	NOTES DÉTAILLÉES du chef de corps et numéro de préférence s'il y a lieu.	OBSERVATIONS. Les officiers généraux sous les ordres desquels le corps est placé mentionnent, le cas échéant, leurs observations dans cette colonne.
				de service (campagnes non comprises).	de fonctions.	Consigne au quartier.	Salle de police ou arrêts simples.	Prison ou arrêts de rigueur.	Cellule.			
Pour l'emploi de chef de fanfare.												
Pour l'emploi de sous-chef de fanfare.												

A , le 19 .

Le Chef de corps,

TRAVAIL D'AVANCEMENT

e SEMESTRE 19 .

e RÉGIMENT

D'INFANTERIE COLONIALE.

(Artillerie coloniale.)

e COMPAGNIE.

(Batterie.)

MODÈLE P.

Instruction ministérielle du 28 mai 1920.

ÉTAT NOMINATIF

DES SOLDATS

PROPOSÉS POUR CAPORAL (BRIGADIER).

NUMÉROS MATRICULES.	NOMS et PRÉNOMS.	GRADES.	TITRE sous lequel ils servent.	NUMÉRO de CLASSEMENT à la sortie de la compagnie d'instruction (A) et mention obtenue ou grade antérieur.	PUNITIONS.				TOTAL des ANNÉES de service (B).	TOTAL des ANNÉES entrant dans le décompte des campagnes (comptées simples) (C).	BLESSURES et CITATIONS (D).
					Consigne au quartier.	Salle de police ou consigne à la chambre.	Prison.	Cellule.			
1	2	3	4	5	6	7	8	9	10	11	12

Le Capitaine (ou *le Chef de corps*),

PROPOSITIONS ANTÉRIEURES (E).	APPRÉCIATION représentée par une note de 0 à 20					TOTAL obtenu en additionnant les nombres des colonnes 11, 12, 13 et 18 et la moitié de ceux de la colonne 10	DÉCISION du GÉNÉRAL DE BRIGADE	OBSERVATIONS.
	par le commandant de compagnie.	par le chef de bataillon.	par le lieutenant-colonel.	par le colonel.	Moyenne des notes des 4 colonnes précédentes.			
13	14	15	16	17	18	19	20	21
								(A) Exprimé par les deux nombres indiquant le numéro et le nombre d'élèves. Ex. : 4 sur 27 (Bleu). (B) Au moment de l'établissement du tableau (1er janvier ou 1er juillet). (C) Compter chaque année pour une unité et chaque mois commencé pour 0,083. (D) Compter pour une unité chaque blessure ou citation. (E) Porter dans cette colonne, en la comptant pour une unité, toute proposition antérieure parvenue au général de brigade et non suivie d'effet.

, le janvier (juillet) 19 .

Le Général de brigade,

Signature du candidat (1) :

(1) Il est expressément recommandé de ne signer nulle autre part que ci-dessus.

MODÈLE Q.

PLACE

d

Visa de l'officier surveillant :

CONCOURS POUR L'AVANCEMENT AU TITRE DES ÉCOLES.

Candidats au grade d

Composition d

Nom, prénoms, numéro matricule du candidat :

Grade ou emploi :

Corps de troupe dont il fait partie :

Candidats au grade d

Composition d

Travail d'avancement

de 19 .

Modèle R.

Instruction ministérielle du 28 mai 1920.

TROUPES d

RÉGIMENT d

• Compagnie ou batterie.

ÉTAT NOMINATIF

des sous-officiers indigènes proposés pour l'emploi d'adjudant indigène.

° Régiment de

NUMÉROS MATRICULES.	NOMS.	GRADE et EMPLOI.	TOTAL des années de service effectif au 31 décembre de l'année en cours (a)	TOTAL des années de service en excédent de 10 années au 31 décembre de l'année en cours (a).	TOTAL des campagnes au 31 décembre de l'année en cours.	NOMBRE de blessures et citations.	NOMBRE de propositions antérieures.
1	2	3	4	5	6	7	8

(a) Indiquer le total des années et des mois. Les fractions de mois inférieures à 15 jours ne sont pas comptées : celles supérieures à 15 jours sont comptées pour 1 mois.

A   , le   19 .

Le

° compagnie.

APPRÉCIATION DU SOUS-OFFICIER REPRÉSENTÉE PAR UNE NOTE DE 0 A 20 (b).					OBSERVATIONS.
PAR LE commandant de l'unité.	Par le chef de bataillon ou d'escadron.	Par le chef de corps.	Par le général de brigade.	MOYENNE DES NOTES figurant aux colonnes 9, 10 11 et 12.	
9	10	11	12	13	14

(b) Les notes 16 et 17 s'appliquent aux candidats méritant la note Bien ; les notes, 18 et 19 à ceux méritant la note Très Bien, et la note 20 équivaut à la mention Parfait. La note 20 ne doit, par suite être donnée que dans des cas tout à fait exceptionnels.

Vu :

Le Major,

TRAVAIL D'AVANCEMENT

—

e SEMESTRE 19 .

MODÈLE S.

—

Instruction ministérielle
du 28 mai 1920.

e RÉGIMENT D'INFANTERIE COLONIALE.

e RÉGIMENT D'ARTILLERIE COLONIALE.

ÉTAT NOMINATIF

des caporaux (brigadiers) proposés pour sergent (maréchal des logis)

NUMÉROS MATRICULES.	NOMS ET PRÉNOMS.	GRADES ET EMPLOIS. — TITRE SOUS LEQUEL ils servent.	PUNITIONS ENCOURUES				TOTAL A LA DATE où doit être arrêté le tableau.			
			Consigne au quartier.	Salle de police ou arrêts simples.	Prison ou arrêts de rigueur.	Cellule.	Des années de service. (A)	Des années passées dans le grade de caporal ou brigadier. (A)	Des années passées dans l'emploi de caporal four[er] ou brigadier four[er] dans les troupes coloniales. (A)	Des années entrant dans le décompte des campagnes. (A)
1	2	3	4	5	6	7	8	9	10	11

A , le 19 .

Le Capitaine (ou le chef de corps)

Nombre de citations et de blessures de guerre. (B)	Nombre de propositions antérieures. (C)	APPRÉCIATION REPRÉSENTÉE par une note de 0 à 20.					Total obtenu en additionnant les nombres des colonnes 9, 10, 11, 12, 13 et 18 et la moitié de celui de la colonne 8.	Classement et note moyenne obtenue à la sortie du peloton n° 2.	DÉCISION DU GÉNÉRAL DE BRIGADE.	OBSERVATIONS.
		Par le commandant d'unité.	Par le chef de bataillon.	Par le lieutenant-colonel.	Par le colonel.	Moyenne des notes des 4 colonnes précédentes.				
12	13	14	15	16	17	18	19	20	21	22
										(A) Compter chaque année pour une unité et chaque mois commencé pour 0,083. (B) Compter pour une unité chaque blessure ou citation. (C) Porter dans cette colonne en la comptant pour une unité toute proposition antérieure parvenue au général de brigade et non suivie d'effet.

A , le 19 .

Le Général de brigade,

IIe PARTIE

Écoles militaires.

École d'application du service de santé.

Décret portant organisation de l'Ecole d'application du service de santé des troupes coloniales (1).

(Direction des Troupes coloniales; Bureau technique.)

Paris, le 7 mai 1908.

RAPPORT AU PRÉSIDENT DE LA RÉPUBLIQUE FRANÇAISE.

Monsieur le Président,

L'Ecole d'application du service de santé des troupes coloniales est actuellement régie par le décret d'organisation du 3 octobre 1905.

La mise en application de ce décret et les résultats constatés par l'inspection générale passée en 1907, ont fait ressortir la nécessité d'apporter certaines modifications aux dispositions en vigueur, en vue d'améliorer le fonctionnement de l'Ecole.

Ces modifications visent :

1° La prolongation jusqu'au 1er novembre de la période de stage, qui finit actuellement le 1er octobre, avec concession d'une permission de trente jours au mois de juillet ou au mois d'août, accordée par moitié aux élèves, de façon à ne pas interrompre le service de l'hôpital;

2° La suppression des deux examens trimestriels actuels qui font perdre du temps aux élèves et leur remplacement par un classement semestriel, bien suffisant pour provoquer et entretenir l'émulation;

3° La qualification de « professeurs adjoints » donnée aux chefs de travaux et de clinique; cette appellation est plus conforme aux fonctions réelles de ces officiers du corps de santé;

4° L'introduction dans le conseil de discipline de l'Ecole, par analogie avec les mesures appliquées au Val-de-Grâce, d'un officier du service de santé désigné par le Ministre et pris en dehors des cadres de l'Ecole.

(1) Modifié les 12 janvier 1910, 14 décembre 1911, 31 août 1912, 16 mai 1913 et 12 novembre 1921.

Si vous approuvez ces modifications, j'ai l'honneur de vous demander de vouloir bien revêtir de votre signature le projet de décret ci-joint qui remplacera le décret d'organisation du 3 octobre 1905.

Veuillez agréer, Monsieur le Président, l'hommage de mon recpectueux dévouement.

Le Ministre de la guerre,
G. Picquart.

Décret.

Le Président de la République française,

Sur la proposition du Ministre de la guerre;

Vu l'article 16 du décret du 11 juin 1901 portant règlement d'administration publique sur l'administration des troupes coloniales;

Vu l'article 3 du décret du 21 juin 1906 portant règlement d'administration publique sur l'organisation du service de santé des troupes coloniales;

Vu la convention passée à la date du 12 avril 1905 par le Ministre de la guerre avec la ville de Marseille et approuvée par le Ministre de l'intérieur à la date du 10 août 1905;

Vu le décret d'organisation du 3 octobre 1905;

Décrète :

TITRE I.

Institution de l'École d'application du service de santé des troupes coloniales.

Article 1er. L'Ecole d'application du service de santé des troupes coloniales, instituée à Marseille, a pour but de donner aux médecins et pharmaciens aides-majors de 2e classe des troupes coloniales l'instruction professionnelle spéciale, théorique et surtout pratique, nécessaire pour remplir les obligations de service qui incombent au corps de santé des troupes coloniales en France et aux colonies.

TITRE II.

Personnel de l'École.

Article 2. L'état-major de l'Ecole est composé d'officiers du service de santé des troupes coloniales :

Un médecin inspecteur ou principal de 1re classe, directeur;

Un médecin principal de 1re ou de 2e classe, sous-directeur;

Un médecin principal ou médecin-major de 1re classe ou de 2e classe; un pharmacien principal ou pharmacien-major de 1re ou de 2e classe, major;

Un officier d'administration de 1re ou de 2e classe du service de santé, comptable du matériel et trésorier.

Article 3. Le directeur est nommé par décret, sur la proposition du Ministre de la guerre. La durée de ses fonctions est de trois ans; elle peut être prolongée, par décision du Ministre de la guerre, de deux périodes successives d'un an.

Article 4. Le sous-directeur et les autres officiers attachés à l'Ecole sont nommés par décision du Ministre de la guerre.

Article 5. L'autorité du directeur de l'Ecole s'exerce sur tout le personnel et sur toutes les parties du service : discipline, instruction et administration.

Le directeur est logé à l'Ecole et tenu d'y résider.

Article 6. Les salles coloniales de l'hôpital militaire de Marseille servent d'hôpital d'instruction à l'Ecole d'application. Elles sont, comme les salles métropolitaines, sous l'autorité du médecin-chef de l'hôpital militaire, mais elles fonctionnent avec un personnel de médecins et d'infirmiers fourni par le service de santé des troupes coloniales.

Les médecins sont soumis à toutes les obligations prévues pour les médecins traitants des hôpitaux militaires par le règlement sur le service de santé à l'intérieur et les instructions ministérielles.

Les infirmiers sont détachés à l'hôpital militaire et participent aux services généraux de cet établissement, notamment au service de garde.

Le directeur de l'Ecole a le droit de visiter les salles coloniales en vue d'y assurer le contrôle technique de l'enseignement donné aux élèves, ainsi que l'inspection du personnel colonial qui s'y trouve employé.

Le directeur du service de santé du 15e corps d'armée lui fournit tous les renseignements techniques nécessaires et lui adresse périodiquement les notes du personnel colonial en service.

Un ou plusieurs pharmaciens aides-majors de 2e classe élèves sont mis, par le directeur de l'Ecole, à la disposition du médecin-chef qui les répartit dans les services de leur spécialité et les note périodiquement.

Les autres sont détachés, après entente avec les autorités compétentes, dans les établissements du service de santé susceptibles d'être utilisés pour l'enseignement.

Le directeur de l'Ecole correspond directement avec le Ministre pour toutes les affaires relatives à l'Ecole; il correspond directement avec le directeur du service de santé du 15e corps d'armée pour les affaires relatives aux salles coloniales de l'hôpital militaire.

Lé directeur de l'Ecole adresse au général commandant le corps d'armée des troupes coloniales tous les renseignements importants relatifs à l'hygiène et à la santé des militaires coloniaux traités à l'hôpital militaire.

Article 7. Le sous-directeur est aux ordres du directeur de l'Ecole pour toutes les parties du service. Il est chargé spécialement de la police, de la discipline et des questions de personnel; il remplace le directeur absent.

Il peut être chargé d'un cours.

En cas d'absence, il est remplacé par le médecin le plus élevé en grade et le plus ancien dans le grade.

Article 8. Les professeurs sont médecins traitants des salles coloniales de l'hôpital militaire, ils sont assistés par des médecins-majors de 2e classe qui sont surveillants des études, remplissent en même temps les fonctions de chefs de clinique et de chefs de travaux et peuvent être chargés de cours. Ces officiers prennent le titre de professeurs adjoints.

Le major et l'officier d'administration comptable exercent leurs fonctions conformément aux règlements sur l'administration et la comptabilité des écoles et sur le service intérieur de l'Ecole. Les fonctions de major sont exercées par un professeur ou professeur adjoint, médecin ou pharmacien.

Article 9. Le personnel enseignant de l'Ecole comprend des professeurs et des professeurs adjoints (chefs de clinique et chefs de travaux) répartis comme suit :

1° Clinique interne et maladies des pays chauds.

Un professeur, médecin principal ou médecin-major de 1re classe.
Un professeur adjoint médecin-major de 2e classe.

2° Clinique externe, chirurgie d'armée, maladies spéciales, bandages et appareils.

Un professeur, médecin principal ou major de 1re classe.
Un professeur adjoint médecin-major de 2e classe.

3° Bactériologie, parasitologie, hygiène militaire et coloniale, police sanitaire, épidémiologie.

Un professeur, médecin principal ou major de 1re classe.
Un professeur adjoint médecin-major de 2e classe.

4° Anatomie chirurgicale, médecine opératoire.

Un professeur, médecin principal ou major de 1re classe.
Un professeur adjoint médecin-major de 2e classe.

5° Médecine légale, administration, service de santé en France et aux colonies.

Un professeur, médecin principal ou major de 1re classe.

6° Chimie, toxicologie, pharmacie, matière médicale coloniale.

Un professeur, pharmacien principal ou pharmacien-major de 1re ou de 2e classe.
Un professeur adjoint, pharmacien-major de 2e classe.

Les professeurs de l'Ecole seront nommés dans les conditions fixées par instruction ministérielle.

La durée des fonctions de sous-directeur, de professeur et de major est fixée à deux ans; elle peut être prolongée de deux périodes successives d'un an, par décision du Ministre, sur la proposition du directeur de l'Ecole.

Article 10. L'enseignement de l'Ecole est complété suivant les besoins :

1° Par les cours professés à l'Institut colonial et à l'Ecole de plein exercice de Marseille et surtout par l'enseignement pratique donné dans les services de médecine, de chirurgie, d'accouchements et de maladies spéciales des hôpitaux de la ville;

2° Par des conférences complémentaires faites par des professeurs qualifiés nommés par le Ministre.

Chaque année, le Directeur soumet à l'approbation du Ministre, après avis du conseil de perfectionnement, la liste des cours de l'Ecole de médecine et de l'Institut colonial, ainsi que celle des services des hôpitaux que devront suivre les élèves; il lui soumet dans les mêmes conditions la liste des professeurs qualifiés, chargés des conférences.

Article 11. Les professeurs adjoints (chefs de travaux et chefs de clinique) sont nommés au concours parmi les médecins-majors de 2e classe.

La durée de leurs fonctions est de deux ans; elle peut être prolongée d'une période d'un an, par décision du Ministre, sur la proposition du directeur de l'Ecole.

La durée des fonctions de l'officier d'administration comptable est déterminée dans les mêmes conditions.

Article 12. Le personnel subalterne de l'Ecole est emprunté au dépôt de la section d'infirmiers des troupes coloniales, suivant une répartition arrêtée par le Ministre de la guerre sur la proposition du directeur de l'Ecole et après avis du directeur du service de santé du corps d'armée des troupes coloniales.

TITRE III.

Conseils.

Article 13. Il est établi à l'Ecole :

1° Un conseil de perfectionnement;
2° Un conseil d'administration;
3° Un conseil de discipline.

Article 14. Le conseil de perfectionnement se compose du directeur, président, du sous-directeur, des professeurs.

Un major de 2e classe, désigné chaque année par le directeur, remplit les fonctions de secrétaire.

Le conseil se réunit chaque fois que le directeur le convoque et au moins deux fois par an. Il émet son avis motivé sur tous les sujets soumis à ses délibérations, soit par le président, soit par l'un de ses membres, dans l'intérêt des études.

Si ses délibérations l'amènent à proposer des modifications dans les programmes ou dans l'emploi du temps, les procès-verbaux des séances sont annexés aux demandes conformes adressées par le directeur de l'Ecole au Ministre.

Article 15. Le conseil d'administration se compose :

Du directeur, *président;*

Du sous-directeur;

D'un médecin, professeur;

Du major, rapporteur;

De l'officier d'administration, *secrétaire.*

Le médecin professeur est désigné chaque année par le directeur, qui le choisit alternativement parmi les deux plus anciens professeurs.

Les attributions du conseil d'administration sont définies par les règlements sur l'administration et la comptabilité des écoles militaires.

Article 16. Le conseil de discipline se compose :

Du directeur, *président;*

Du sous-directeur;

De deux professeurs, dont un professeur adjoint, désignés par le directeur;

D'un officier du corps de santé des troupes coloniales, pris en dehors de l'Ecole et du grade de médecin-major de 2e classe, au moins.

Cet officier est désigné par le Ministre.

Le conseil de discipline est chargé de provoquer toutes les mesures nécessaires au maintien de l'ordre.

L'aide-major de 2e classe élève, qui a commis une faute assez grave pour encourir le renvoi de l'Ecole, comparaît devant le conseil de discipline; il est l'objet, s'il y a lieu, d'une proposition de mise en non-activité ou d'envoi devant un conseil d'enquête.

Article 17. En cas de désordres graves, de manifestations quelconques ou de fautes collectives, le Ministre prend, d'après les rapports du directeur de l'Ecole, les mesures qu'il juge convenables dans l'intérêt de la discipline.

TITRE IV.

Dispositions relatives aux aides-majors de 2e classe élèves, aux stagiaires et au service intérieur.

Article 18. Tout élève du service de santé des troupes coloniales reçu docteur en médecine ou pharmacien de 1re classe est obligatoirement admis à l'Ecole d'application le 1er janvier. L'Ecole reçoit de même, à cette date, les jeunes gens, docteurs en médecine ou pharmaciens de 1re classe, admis à la suite du concours prévu par l'article 3 du décret du 21 juin 1906. Les uns et les autres sont nommés aides-majors de 2e classe pour prendre rang dans les conditions déterminées par la loi du 6 juillet 1912.

Pendant leur séjour à l'Ecole d'application, le classement, par ordre de mérite, des médecins et pharmaciens aides-majors de 2e classe est déterminé par les notes de l'examen semestriel combinées avec les autres notes.

Les cours de l'Ecole d'application commencent le 1er janvier. Les examens de sortie ont lieu à partir du 1er septembre. Un congé est accordé aux élèves du 15 juillet au 1er août.

Article 19. Le programme des études et le tableau d'emploi du temps sont établis par le directeur de l'Ecole, après avis du conseil de perfectionnement, et soumis à l'approbation du Ministre.

Article 20. Le règlement sur le service intérieur de l'Ecole est présenté par le directeur à l'approbation du Ministre; il en est de même des modifications à ce règlement qui seraient jugées ultérieurement nécessaires.

Article 21. L'Ecole est inspectée chaque année par un médecin inspecteur des troupes coloniales délégué par le Ministre.

Article 22. A partir de leur nomination, les aides-majors de 2e classe élèves reçoivent les allocations déterminées par les tarifs de solde.

Article 23. Ils sont soumis, à l'intérieur de l'Ecole, à des interrogations et à des épreuves pratiques qui donnent lieu à des notes permettant d'établir un classement semestriel à la date du 1er juillet.

Ces notes interviennent pour le classement final.

Article 24. Les examens de sortie sont passés devant un jury spécial présidé par un médecin inspecteur des troupes coloniales désigné par le Ministre.

La composition du jury est déterminée par le Ministre qui en désigne les membres.

Le classement par ordre de mérite des aides-majors de 2e classe est arrêté en séance du conseil de perfectionnement, présidé par le médecin inspcteur, président général des jurys.

Ce classement général résulte de la combinaison des notes obtenues aux examens de sortie avec celles du classement semestriel.

Article 25. Les aides-majors de 2e classe élèves qui ont subi avec succès les épreuves de l'examen de sortie, prennent rang sur la liste d'ancienneté, dans le grade de médecin ou de pharmacien aide-major de 2e classe, d'après leur numéro de classement général.

Article 26. Les aides-majors de 2e classe élèves qui n'ont pas obtenu à l'examen de sortie le minimum de points déterminé par le règlement sur le service intérieur de l'Ecole peuvent être autorisés par le Ministre, sur la proposition du jury, à renouveler leur période d'études.

Ils concourent dans ce cas avec la promotion suivante et sont classés, s'ils ont satisfait à l'examen de sortie, avec les aides-majors de 2e classe de cette promotion.

Dans le cas où l'autorisation de redoubler leur période d'études n'est pas accordée, les aides-majors de 2e classe élèves sont mis en non-activité. Ils peuvent être autorisés à subir de nouveau les examens de sortie, en même temps que les aides-majors élèves d'une promotion suivante; s'ils satisfont à ces examens, ils sont rappelés à l'activité, prennent rang à la suite des aides-majors de cette promotion et entre eux, d'après les règles générales établies pour le classement.

Article 27. L'autorisation de redoubler leur période d'études ne peut être accordée qu'une seule fois aux aides-majors élèves.

Article 28. Les médecins et pharmaciens recrutés au concours en exécution de l'article 3 du décret du 21 juin 1906 sont tenus au remboursement des sommes payées à eux et pour eux par le Département de la guerre s'ils quittent, sauf en cas de réforme pour infirmités, le service de santé militaire avant d'avoir accompli leur engagement sexennal.

Les médecins ou pharmaciens des troupes coloniales, provenant d'une école de recrutement, qui quitteraient, excepté dans le cas de réforme pour infirmités, le service de santé militaire avant d'avoir accompli leur engagement sexennal, sont tenus au remboursement du montant des frais de scolarité payés pour eux par l'administration de la guerre, et, s'ils ont été boursiers à l'Ecole du recrutement, au payement du montant des frais de pension et de trousseau, ainsi qu'au remboursement de l'indemnité de première mise d'équipement.

TITRE V.

Enseignement spécial pour les officiers du service de santé des troupes coloniales en congé en France.

Article 29. Pendant toute l'année, et plus spécialement du 15 octobre au 1er janvier, des cours pratiques de clinique et de médecine opératoire sont faits à l'Ecole d'application pour les médecins et pharmaciens des troupes coloniales en congé qui en font la demande et sont autorisés par le directeur de l'Ecole.

Les laboratoires et les amphithéâtres d'anatomie sont mis à leur disposition; ils travaillent sous la direction des professeurs et peuvent être autorisés à se livrer à des études spéciales.

TITRE VI.

Dispositions générales.

Article 30. Le Ministre de la guerre est chargé de l'exécution du présent décret.

Fait à Rambouillet, le 7 mai 1908.

A. FALLIÈRES.

Par le Président de la République :
Le Ministre de la guerre,
G. PICQUART.

Arrêté relatif à l'inspection annuelle de l'Ecole d'application du service de santé des troupes coloniales.

Paris, le 30 janvier 1913.

Le Ministre de la guerre,

Vu le décret du 7 mai 1908 portant organisation de l'Ecole d'application du service de santé des troupes coloniales;

Vu l'instruction du 15 juin 1909 relative au recrutement du personnel enseignant de l'Ecole d'application du service de santé des troupes coloniales;

Vu le décret du 24 juillet 1912 sur la direction supérieure des écoles militaires,

Arrête :

Art. 1er. Un médecin inspecteur général ou médecin inspecteur des troupes coloniales, est désigné pour procéder, annuellement, à l'inspection de l'Ecole d'application du service de santé des troupes coloniales et des salles coloniales de l'hôpital militaire de Marseille.

L'inspection porte sur toutes les parties du service, enseignement, discipline, avancement, administration.

Art. 2. Le médecin-inspecteur général ou médecin inspecteur ainsi désigné préside, en outre, les jurys des examens de sortie des aides-majors élèves de l'Ecole et les jurys des concours pour les emplois de professeurs adjoints à ladite Ecole.

Art. 3. A la suite de sa mission, le médecin-inspecteur général ou médecin inspecteur désigné, rend compte, dans un rapport au Ministre, des résultats qu'il a constatés: il lui soumet toutes propositions qu'il juge utiles sur les modifications ou améliorations à apporter aux diverses branches du service.

Eug. Etienne.

Décret portant règlement d'administration publique sur l'admission au bénéfice de la loi du 6 juillet 1912 et le classement des aides-majors élèves, en 1914, de l'Ecole d'application du service de santé des troupes coloniales.

Paris, le 19 mars 1915.

Le Président de la République française,

Sur le rapport des Ministres de la guerre et des colonies;

Vu la loi du 7 juillet 1900 relative à l'organisation des troupes coloniales;

Vu le décret du 21 juin 1906 portant règlement d'administration publique sur l'organisation du corps de santé des troupes coloniales;

Vu la loi du 6 juillet 1912 étendant le bénéfice de la loi du 17 juillet 1908 aux médecins et pharmaciens aides-majors de 2e classe;

Le Conseil d'Etat entendu,

Décrète :

Art. 1er. Sont admis au bénéfice de la loi du 6 juillet 1912 susvisée, bien que n'ayant pas subi les examens de sortie de l'Ecole d'application du service de santé des troupes coloniales, les médecins aides-majors de 2e classe qui ont été élèves de cette école en 1914 et qui ont satisfait aux obligations imposées par la loi du recrutement.

Par modification aux dispositions de l'article 3 du décret du 21 juin 1906, portant règlement d'administration publique sur l'organisation du corps de santé des troupes coloniales, les élèves sortis de cette école en 1914 prendront rang entre eux d'après leur numéro de classement à l'examen semestriel.

Art. 2. Les Ministres de la guerre et des colonies sont chargés, chacun en ce qui le concerne, de l'exécution du présent décret, qui sera publié au *Journal officiel* de la République française et inséré au *Bulletin des lois*.

Fait à Paris, le 19 mars 1915.

R. POINCARÉ.

Par le Président de la République :

Le Ministre de la guerre,
A. MILLERAND.

Le Ministre des colonies,
G. DOUMERGUE.

Instruction relative au recrutement du personnel enseignant de l'Ecole d'application du service de santé des troupes coloniales (1).

Paris, le 15 juin 1909.

I. — Professeurs.

Article 1er. Les professeurs de l'Ecole d'application sont désignés par le Ministre de la guerre.

Le choix du Ministre est fait sur deux listes établies : l'une par le conseil de perfectionnement de l'Ecole d'application; l'autre, par une commission composée :

1° Du médecin inspecteur général des troupes coloniales, président;

2° Du médecin inspecteur des troupes coloniales, membre du comité technique de santé au ministère de la guerre;

3° Du directeur du service de santé du corps d'armée des troupes coloniales.

Pour le choix du professeur de chimie, le directeur du service de santé est remplacé, dans cette commission, par le pharmacien principal des troupes coloniales détaché au conseil supérieur de santé des colonies.

Article 2. Les professeurs sont choisis parmi les anciens professeurs adjoints ayant déjà accompli une période d'enseignement ou en cours de période, s'ils ont le grade de médecin-major de 1re classe, et parmi les autres médecins et pharmaciens des troupes coloniales.

Tous ces officiers devront faire acte de candidature.

Les candidatures seront examinées sur titres.

Les officiers présents en France et ceux en service aux colonies sont tous admis à faire acte de candidature.

Les anciens professeurs adjoints ayant déjà accompli une période d'enseignement, qui feront acte de candidature, ne pourront être nommés professeurs qu'après avoir satisfait aux prescriptions du décret du 30 décembre 1903 sur le tour de service colonial et de l'instruction ministérielle du 30 mai 1904.

(1) Modifiée les 9 janvier 1912, 7 mars et 3 décembre 1913.

Article 3. Les candidats doivent être du grade de médecin-major de 1re classe au moins et de médecin principal de 1re classe au plus pour les chaires de médecine; de pharmacien-major de 2e classe au moins, et de pharmacien principal de 2e classe au plus pour la chaire de chimie et d'histoire naturelle.

Article 4. Les anciens professeurs ayant accompli une première période d'enseignement peuvent être nommés pour une deuxième période dans les conditions indiquées ci-dessus, après avoir satisfait aux prescriptions du décret du 30 décembre 1903 sur le tour de service colonial et de l'intruction ministérielle du 30 mai 1904.

Article 5. Les vacances des chaires sont portées à la connaissance des officiers du corps de santé des troupes coloniales, par la voie du *Journal officiel*, six mois au moins avant l'établissement des listes susindiquées.

Si une vacance imprévue se produit, le Ministre peut diminuer la durée de ce délai, dans l'intérêt de l'enseignement.

II. — Professeurs adjoints.

Article 6. Les professeurs adjoints sont choisis, dans les conditions indiquées ci-dessous, parmi les candidats ayant satisfait aux épreuves d'un concours qui aura lieu, chaque année, pendant la deuxième quinzaine d'octobre, à l'Ecole d'application du service de santé des troupes coloniales.

Article 7. Les médecins et pharmaciens-majors de 2e classe qui désireront subir ce concours feront parvenir, par la voie hiérarchique, une demande au Ministre (8e Direction; 3e Bureau) avant le 1er octobre de chaque année, en spécifiant l'emploi pour lequel ils désirent concourir. Ils pourront être admis à postuler simultanément plusieurs emplois et, dans ce cas, subiront les épreuves relatives à chacun de ces emplois.

Article 8. La nature et le mode d'exécution des épreuves du concours sont déterminés par le programme joint à la présente instruction.

Les épreuves terminées, le jury établira les listes des candidats proposés pour chacun des emplois de professeur adjoint, en classant ces candidats par ordre de mérite et d'après la totalité des points obtenus à ces diverses épreuves.

Ces listes, adressées au Ministre, seront fusionnées, par les soins de l'administration centrale, avec celles établies à la suite des trois précédents concours, en une liste unique dressée pour chacun des emplois dont il s'agit et sur laquelle les candidats seront classés dans l'ordre de mérite et suivant le nombre de points obtenus.

La liste définitive sera publiée au *Journal officiel* à la suite de chaque concours annuel.

Article 9. Les candidats figurant sur ces listes pourront être autorisés, s'ils sont en France, à se présenter à plusieurs concours successifs. Dans ce cas, leur rang de classement sur la liste définitive d'admissibilité à l'un des emplois de professeur adjoint sera déterminé d'après les notes obtenues aux dernières épreuves qu'ils auront subies, correspondant à cet emploi.

Article 10. Quant il y aura lieu de procéder au remplacement d'un professeur adjoint, le Ministre choisira sur cette liste le nouveau titulaire de l'emploi devenu vacant.

Si l'officier désigné est en service aux colonies, il sera rappelé en France après entente avec le Ministre des colonies, à moins qu'il n'ait retiré, au préalable, sa candidature à l'emploi en question.

Article 11. En cas de vacance imprévue et pendant le temps qui s'écoulera entre la date de nomination du nouveau titulaire et l'époque à laquelle il aura rejoint son poste, le Ministre pourra désigner d'office, pour remplir provisoirement les fonctions de professeur adjoint, un officier du corps de santé colonial, du grade de médecin ou de pharmacien-major de 2e classe, choisi sur la liste prévue à l'article 8.

Article 12. Il sera fait obligatoirement mention sur les feuillets du personnel :

1° De l'admission au concours de professeur adjoint, prévu à l'article 6 de la présente instruction;

2° Des emplois de professeur ou de professeur adjoint qui auront été occupés par les intéressés.

Il en sera tenu spécialement compte lors de l'examen des titres à l'avancement.

Général Picquart.

Programme des concours pour les emplois de professeurs adjoints à l'Ecole d'application du service de santé des troupes coloniales, joint à l'instruction ministérielle du 15 juin 1909.

I — Programme.

a) Professeur adjoint d'anatomie et de médecine opératoire.

1re épreuve. — Une leçon orale d'une heure, sur une question de médecine opératoire et de thérapeutique chirurgicale, après cinq heures de préparation effective. Toutes les ressources dont disposera la bibliothèque seront mises à la disposition du candidat qui pourra se servir, pour sa leçon, des notes rédigées par lui (1).

2e épreuve. — Préparation d'une région anatomique, description de cette région, exposé des lésions pathologiques médico-chirurgicales qui l'intéressent et des interventions opératoires qui peuvent y être pratiquées.

Il sera accordé huit heures pour cette préparation, et une heure pour la description et l'exposé de la pathologie.

Le candidat ne devra se servir d'aucun ouvrage ou manuscrit pendant la préparation.

Il pourra, pour l'exposition, se servir des notes qu'il aura rédigées.

Il sera attribué à cette épreuve le coefficient 1,5.

Ces deux premières épreuves sont éliminatoires.

3e épreuve. — Description et pratique de deux opérations chirurgicales avec appréciation des méthodes et des procédés qui s'y rattachent. Pansements postopératoires.

Il sera accordé trente minutes de réflexion et trente minutes pour l'exposition.

Cette épreuve sera dotée du coefficient 1,5.

4e épreuve. — Examen clinique de deux malades atteints d'affections aiguës ou chroniques ressortissant à la pathologie externe.

---

(1) Ces dispositions seront les mêmes pour toutes les premières épreuves quelle que soit la nature de la chaire.

Leçon sur ces deux cas avec, s'il y a lieu, des considérations ayant trait au recrutement, à la réforme, aux droits à une pension de retraite, au service colonial possible ou non.

Pour l'ensemble de l'épreuve, le candidat disposera d'une heure vingt minutes, répartie de la façon suivante :

Examen des malades et réflexion, quarante minutes:

Leçon, quarante minutes.

b) Professeur adjoint de clinique externe et de chirurgie d'armée.

1re épreuve. — Leçon d'une heure sur une question de pathologie chirurgicale. S'il y a lieu, particularités ayant trait à la question envisagée au point de vue de la pathologie coloniale.

2e épreuve. — Description de deux opérations chirurgicales, après description anatomique succincte des régions sur lesquelles doivent porter les opérations.

Pratique de ces deux opérations.

Pour la première partie de cette épreuve, il est accordé quinze minutes de réflexion; quarante minutes sont accordées pour l'exposition.

Ces deux premières épreuves sont éliminatoires.

3e épreuve. — Examen clinique d'un malade atteint d'une affection aiguë ou chronique ressortissant à la pathologie externe.

Il est accordé vingt minutes pour l'examen et la réflexion, et vingt minutes pour l'exposition.

4e épreuve. — Examen clinique d'un malade atteint d'affections ou d'anomalies des yeux, des oreilles, du nez ou du larynx.

Pour cette épreuve, il sera accordé quarante minutes pour l'examen et la réflexion, et quarante minutes pour l'exposition.

Dans ces deux épreuves, le candidat devra, s'il y a lieu, présenter des considérations ayant trait au recrutement, à la réforme, aux droits à une pension de retraite, au service colonial possible ou non.

c) Professeur adjoint de clinique interne et des maladies exotiques.

1re épreuve. — Leçon d'une heure sur une question d'hygiène militaire ou coloniale, ou d'épidémiologie.

2e épreuve. — Leçon orale de trois quarts d'heure sur une question de pathologie exotique.

Il sera accordé deux heures de préparation au candidat, sans qu'il puisse faire usage d'aucun livre ou manuscrit.

Il pourra se servir des notes rédigées par lui pour l'exposition de la question.

Ces deux premières épreuves sont éliminatoires.

3e épreuve. — Examen clinique d'un malade atteint d'une affection aiguë ou chronique ressortissant à la pathologie interne avec, s'il y a lieu, examen microscopique s'y rapportant.

4e épreuve. — Examen clinique d'un malade ressortissant à la pathologie exotique avec, s'il y a lieu, examen microscopique s'y rapportant.

Dans ces deux épreuves, le candidat devra, s'il y a lieu, présenter des considérations ayant trait au recrutement, à la réforme, aux droits à une pension de retraite, au service colonial possible ou non.

Pour chacune de ces deux épreuves, le candidat disposera de quarante minutes pour l'examen du malade et la réflexion et de quarante minutes pour l'exposition.

Le temps accordé pour l'examen microscopique et l'exposition sera fixé par le jury.

d) Professeur adjoint de bactériologie et d'hygiène.

1re épreuve. — Leçon d'une heure sur une question touchant la bactériologie, les protozoaires pathogènes et la parasitologie.

2e épreuve. — Examen clinique d'un malade ressortissant à la pathologie interne et, autant que possible, à la pathologie exotique.

Le candidat devra présenter la question surtout au point de vue de la bactériologie, de l'épidémiologie et de la prophylaxie spéciales au malade.

Il sera accordé vingt minutes pour l'examen.

Le temps accordé pour l'examen bactériologique et l'exposition sera fixé par le jury.

Ces deux premières épreuves sont éliminatoires.

3e épreuve (1re partie). — Bactériologie proprement dite, recherche, préparation, coloration et examen de bactéries en culture, dans des coupes, dans les milieux extérieurs et dans les milieux vivants.

2e partie. — Technique de laboratoire. Préparation de milieux, de colorants, de pièces, opérations diverses de laboratoire, expériences sur les animaux.

3e partie. — Examen se rapportant aux protozoaires. Recherche, coloration, examen, description.

Le temps accordé pour chacune des parties de cette épreuve sera fixé par le jury.

Il sera attribué à cette épreuve le coefficient 2.

4e épreuve. — Leçon de trois quarts d'heure sur une question touchant les maladies microbiennes au point de vue de leur étiologie et de leur prophylaxie. Toxines, antitoxines, sérums, immunité, désinfection.

Deux heures sont accordées au candidat pour la préparation de cette leçon; il ne devra se servir d'aucun livre ou manuscrit.

Pour l'exposition, il pourra se servir des notes qu'il aura rédigées.

e) Professeur adjoint d'histoire naturelle, chimie, toxicologie et pharmacie.

1re épreuve. — Leçon orale d'une heure sur un sujet de chimie appliquée à l'analyse des denrées alimentaires, aux expertises dans l'armée, aux analyses médicales et à la toxicologie.

2e épreuve. — Leçon orale d'une heure sur un sujet de chimie pharmaceutique.

Le candidat aura une heure de réflexion, sans ouvrage ou manuscrit pour préparer sa leçon.

3e épreuve. — Épreuve pratique de chimie analytique, qualitative ou quantitative.

Le temps accordé pour cette épreuve et l'exposition sera déterminé par le jury.

4e épreuve. — Expertise ressortissant à la toxicologie ou à l'hygiène et aux expertises dans l'armée. Cette épreuve sera suivie d'un rapport.

Le jury déterminera le temps nécessaire à la pratique de l'expertise.

Une heure sera accordée au candidat pour l'exposition de ses recherches et des résultats obtenus, la lecture et le commentaire de son rapport.

Il sera attribué à cette épreuve le coefficient 2.

II. — Mode d'exécution des épreuves.

Les sujets des questions ou préparations et des épreuves seront délibérés par le jury, avant chaque séance, renfermés dans des plis cachetés et déposés dans l'urne en nombre double, autant que possible, de celui des candidats appelés à subir les épreuves le jour même.

Chacun des candidats sera appelé, au tour qui lui aura été fixé par le sort, à tirer de l'urne le pli contenant le sujet qu'il doit traiter.

En ce qui touche le temps accordé aux candidats pour les différentes parties des épreuves, elles seront subies comme il a été dit plus haut.

III. — Composition du jury.

Un jury spécial sera nommé par le Ministre de la guerre pour chaque concours de médecine, de chirurgie et de pharmacie.

Le jury sera présidé par un médecin inspecteur désigné par le Ministre.

Les autres membres du jury seront :

Pour les chaires de médecine et de chirurgie :

Le directeur ou le sous-directeur de l'Ecole;

Le professeur de la chaire pour laquelle concourt le candidat;

Un professeur de l'École;

Un officier du corps de santé des troupes coloniales du grade de principal, ou, au moins, du grade de major de 1re classe.

Pour la chaire d'histoire naturelle et de chimie :

Le directeur ou le sous-directeur de l'Ecole;

Le pharmacien principal, membre du conseil supérieur de santé des colonies;

Le professeur de la chaire;

Un pharmacien du corps de santé des troupes coloniales du grade de pharmacien-major de 1re classe au moins.

Chaque jury aura un membre suppléant pris parmi les professeurs adjoints.

OPÉRATIONS DU JURY.

Le jury, à sa première réunion, fera tirer au sort par l'un des candidats l'ordre dans lequel ils seront appelés à subir les épreuves du concours.

Après chaque épreuve, chacun des membres du jury attribuera une note au candidat.

La cote allant de 0 à 20, le candidat qui n'aura pas obtenu une moyenne de 12 points, après les deux premières épreuves, sera éliminé.

Après la dernière épreuve subie, le jury se réunira en séance particulière et délibérera sur le classement des candidats.

Procès-verbal sera dressé de chacune des épreuves et de la délibération finale.

Les opérations seront closes par l'expédition au Ministre des procès-verbaux.

Ces procès-verbaux seront accompagnés d'un rapport du président du jury sur la marche des opérations.

Le président du jury fera transcrire les procès-verbaux et son rapport au Ministre sur un registre qui restera déposé à l'Ecole d'application du service de santé des troupes coloniales afin qu'ils puissent être, au besoin, consultés dans les concours suivants.

NOTA. — Le jury pourra se constituer en plusieurs sections, par l'adjonction d'autres membres suppléants désignés par le Ministre, s'il le juge utile. La présidence d'une section pourra être confiée au directeur ou au sous-directeur de l'Ecole, le médecin inspecteur conservant la présidence de tous les jurys.

Instruction sur l'organisation et le service intérieur de l'Ecole d'application du service de santé des troupes coloniales (1).

Paris, le 18 mars 1912.

TITRE I.

Du personnel.

CHAPITRE 1er.

DIRECTION ET ADMINISTRATION.

SECTION Ire. — *Du directeur de l'Ecole.*

Article 1er. L'autorité du directeur de l'Ecole s'exerce sur le personnel et sur toutes les parties du service : police, discipline, instruction et administration.

Article 2. Il correspond directement avec le Ministre de la guerre pour toutes les affaires relatives à l'Ecole.

L'article 14 de la loi du 24 juillet 1873 détermine ses relations et sa correspondance avec le général commandant le 15e corps d'armée.

Ses relations et sa correspondance avec le général commandant le corps d'armée des troupes coloniales et avec le directeur du service de santé du 15e corps d'armée sont déterminées par le décret du 5 octobre 1905. L'instruction provisoire du 3 août 1901 sera applicable pour toutes les questions non prévues au décret susvisé.

Article 3. Il accorde au personnel de l'Ecole les congés ou permissions dans les limites fixées par l'article 21 du décret du 1er mars 1890.

Article 4. Il adresse au Ministre, après chaque classement, des notes individuelles sur la conduite, le travail et la santé des aides-majors de 2e classe élèves et, en fin d'année, un rapport sur le fonctionnement de l'école.

---

(1) Modifiée les 6 septembre 1912, 7 mars 1913 et 23 janvier 1922.

Article 5. Il a l'initiative de toutes les propositions d'avancement et de récompense pour tout le personnel civil et militaire de l'Ecole.

Il tient le dossier du personnel des officiers et de l'Ecole et reçoit du directeur du service de santé du 15ᵉ corps d'armée les notes du personnel en service à l'hôpital militaire.

Son dossier du personnel est tenu à l'administration centrale.

Article 6. Il soumet à l'approbation du Ministre, après avis du directeur du service de santé du corps d'armée des troupes coloniales, la composition et la répartition du personnel subalterne à fournir par la section des infirmiers des troupes coloniales pour être employé aux divers services de l'Ecole et de l'hôpital.

Il nomme, suspend et révoque les employés ou agents subalternes qui ne sont pas nommés par le Ministre.

Section II. — *Du sous-directeur.*

Article 7. Le sous-directeur est l'intermédiaire du directeur pour toutes les parties du service. Il est chargé de la police, de la discipline et du maintien de l'ordre dans l'Ecole. Le personnel de l'Ecole est sous ses ordres immédiats et sous sa surveillance directe. Il tient les dossiers du personnel des aides-majors élèves.

Article 8. Il est chargé d'un cours.

Article 9. En cas d'absence, il est remplacé par le médecin le plus ancien dans le grade le plus élevé.

Article 10. A moins d'empêchement, il reçoit et annote les rapports ou demandes établis par le personnel enseignant, le major et l'officier de semaine.

Suivant les ordres donnés, il assiste au rapport du directeur.

Article 11. En cas d'absence du directeur, il le remplace dans ses fonctions.

Section III. — *Du major.*

Article 12. Les fonctions et la responsabilité du major sont définies par le titre III du règlement du 3 janvier 1903 sur l'administration et la comptabilité des écoles militaires. D'une façon générale, il est chargé de l'entretien des locaux de l'Ecole. Il fait toutes les rondes et inspections que nécessite la responsabilité de son service.

Article 13. Il a sous ses ordres un officier d'administration, trésorier et comptable du matériel.

Il est chargé de la surveillance du détachement d'infirmiers employés à l'Ecole et de tous les agents subalternes.

SECTION IV. — *Du trésorier.*

Article 14. Le trésorier est en même temps comptable du matériel.

Ses attributions sont déterminées par les sections II et III du chapitre II, titre III, du règlement précité du 3 janvier 1903.

Il tient les pièces d'archives des officiers de l'Ecole et les aides-majors élèves.

Le cas échéant, il assiste le professeur de médecine légale et d'administration dans son enseignement et peut, au besoin, être chargé de conférences pratiques sur la tenue des écritures et de la comptabilité dans les corps de troupe et les formations sanitaires métropolitaines et coloniales.

CHAPITRE II.

DU SERVICE DE SURVEILLANCE.

Article 15. La surveillance des élèves est assurée par les professeurs adjoints qui sont chargés à tour de rôle d'un service de semaine pour l'exécution du service journalier, le maintien de la discipline et de la bonne tenue des élèves, tant à l'intérieur qu'à l'extérieur de l'école et de l'hôpital.

Article 16. Chaque matin, à l'heure fixée, l'officier de semaine fait parvenir au sous-directeur toutes les pièces à présenter au rapport de cet officier supérieur avec la situation journalière où sont relatés tous les faits de la veille.

S'il se produit un incident grave, il le signale immédiatement au major, et, en cas d'absence, au sous-directeur ou au directeur.

Le fonctionnement du service de surveillance est réglé par le sous-directeur et consigné au tableau de service.

Article 17. Le médecin de semaine visite les aides-majors élèves qui se font porter malades et décide, s'il y a lieu, leur entrée à l'hôpital.

Lorsque le service de semaine incombe à un pharmacien, ces soins médicaux sont assurés par le médecin qui était de service la semaine précédente.

CHAPITRE III.

DES PROFESSEURS ET PROFESSEURS ADJOINTS.

Article 18. Les fonctions des professeurs et des professeurs adjoints consistent à faire, aux élèves, les cours, conférences cliniques, exercices pratiques, etc., déterminés par les tableaux de service.

La surveillance et la discipline de ces cours, travaux, etc. leur incombent; ils doivent, en toutes circonstances, en ville, à l'Ecole et dans les établissements extérieurs, qu'ils soient de service ou non, veiller à la bonne tenue des élèves.

Ils s'assurent, par des interrogations fréquentes, que les élèves progressent normalement dans leurs études médicales.

Les professeurs ou les professeurs adjoints sont obligatoirement délégués par le directeur ou le sous-directeur pour assister aux cours, conférences et exercices pratiques qui sont faits en dehors de l'Ecole et se rattachent à l'enseignement de leurs chaires respectives.

Ils s'assurent de l'assiduité et de la tenue des élèves à ces cours ou conférences et en rendent compte au sous-directeur.

La conservation de la salle des collections (classement, entretien, inventaire) est assurée par le professeur ou le professeur adjoint de chimie et matière médicale. Celle de la bibliothèque est assurée par un professeur ou professeur adjoint désigné par le directeur.

CHAPITRE IV.

DES COURS, CONFÉRENCES ET EXERCICES ÉTRANGERS A L'ÉCOLE.

Article 19. Les professeurs ou conférenciers civils ou militaires n'appartenant pas au cadre de l'Ecole font leurs conférences ou démonstrations soit à l'Ecole, soit dans les laboratoires et autres lieux extérieurs, les plus propices. Le directeur s'entend, à ce sujet, avec les conférenciers et les chefs d'établissements ou de services intéressés.

Article 20. Les conditions dans lesquelles les élèves fréquentent les cours de l'Ecole de médecine de Marseille et de l'institut coloniale, ainsi que les services spéciaux des hôpitaux de la ville sont, de même, arrêtés de concert entre le directeur de l'Ecole d'application et les directeurs ou chefs de service intéressés.

CHAPITRE V.

DES CONSEILS.

Article 21. Il est etabli à l'Ecole :

1° Un conseil de perfectionnement;

2° Un conseil d'administration;

3° Un conseil de discipline.

Article 22. Le conseil de perfectionnement est composé du directeur de l'Ecole, président; du sous-directeur de l'Ecole et des professeurs; un major de 2e classe, désigné chaque année par le directeur, remplit les fonctions de secrétaire. Les professeurs adjoints peuvent être appelés à y siéger avec voix consultative par décision spéciale du directeur.

Le conseil se réunit chaque fois que le directeur le convoque et au moins deux fois par an.

Il émet son avis motivé sur tous les objets soumis à ses délibérations, dans l'intérêt des études.

Si ces délibérations l'amènent à proposer des modifications dans ces programmes, les procès-verbaux des séances sont annexés aux demandes conformes adressées par le directeur de l'Ecole au Ministre.

Article 23. Le conseil d'administration se compose :

Du directeur de l'Ecole, président; du sous-directeur, d'un professeur, du major rapporteur, du trésorier secrétaire.

Le professeur est pris chaque année, alternativement, parmi les deux plus anciens professeurs.

Les attributions du conseil d'administration sont définies par les règlements sur l'administration et la comptabilité des écoles militaires.

Article 24. Le conseil de discipline est composé du directeur de l'Ecole, président; du sous-directeur de l'Ecole; de deux professeurs, dont un professeur adjoint désigné par le directeur, et du médecin-chef de la section des infirmiers coloniaux.

Le conseil de discipline est chargé de provoquer toutes les mesures nécessaires au maintien de l'ordre.

L'aide-major élève qui a commis une faute assez grave pour encourir le renvoi de l'Ecole comparaît devant le conseil de discipline: il est l'objet, s'il y a lieu, d'une proposition de mise en non-activité ou d'envoi devant le conseil d'enquête.

Le Ministre de la guerre statuera sur ces propositions qui devront toujours être accompagnées d'un avis motivé du conseil.

TITRE II.

Des aides-majors de 2e classe élèves, du régime intérieur, du logement, de la tenue, des pensions, de l'emploi du temps.

CHAPITRE Ier.

DES AIDES-MAJORS DE 2e CLASSE.

Article 25. Tous les élèves, quelle que soit leur provenance, sont soumis, à leur arrivée, à la visite d'un des médecins de l'Ecole qui s'assure de leur aptitude physique au service militaire.

CHAPITRE II.

DU RÉGIME INTÉRIEUR.

Article 26. Les élèves sont sous l'autorité des officiers de l'Ecole. Ils sont soumis au régime militaire.

Article 27. Les prescriptions des décrets sur le régime intérieur des corps de troupe sur le service de place réglant les droits et les devoirs généraux des officiers, ainsi que les marques extérieures de respect, sont applicables aux aides-majors élèves.

Article 28. Toute association, délibération, démarche collective sont absolument interdites aux élèves. Ils ne peuvent, sans avoir obtenu l'autorisation, faire une collecte ou souscription, assister isolément ou par députation à des réunions non autorisées, signer des adresses de quelque nature qu'elles soient.

Article 29. Toute dégradation ou détérioration aux bâtiments, livres, objets d'instruction, etc., est réparée aux frais de celui qui l'a commise.

Lorsque la détérioration est faite par plusieurs élèves, l'imputation en est répartie entre eux.

Article 30. Les punitions à infliger aux élèves sont celles qui sont prévues, pour les officiers, par le décret sur le service intérieur des corps de troupe.

Pendant la durée des arrêts simples, le service de scolarité des élèves punis n'est pas suspendu, à moins de décision spéciale du directeur. Il est suspendu pendant les arrêts de rigueur et de forteresse.

La réprimande du directeur et le blâme du Ministre constituent des sanctions morales placées en dehors de l'échelle des punitions qui peuvent, soit faire suite à une punition, soit être prononcées sans qu'une punition préalable ait été infligée.

Article 31. Les élèves ayant encouru de nombreuses punitions sont retenus à l'Ecole pendant une partie ou la totalité des congés accordés au cours de l'année scolaire.

Article 32. Toutes les punitions sont inscrites au rapport de l'officier de semaine et portées par celui-ci à la connaissance des élèves à l'appel de l'après-midi. Si l'intérêt de la discipline l'exige, les punitions peuvent être inscrites à la décision journalière et affichées.

Les punitions pour infraction légère au règlement intérieur de l'Ecole ne sont pas inscrites sur les dossiers du personnel.

Article 33. La réprimande du directeur a lieu en présence du sous-directeur et de plusieurs élèves de la promotion.

Article 34. Tout élève qui a commis, depuis son entrée à l'Ecole, des fautes graves, et qui a encouru de nombreuses punitions peut être traduit devant le conseil de discipline.

Article 35. Les punitions sont suspendues pendant le séjour des élèves à l'hôpital.

CHAPITRE III.

PERMISSIONS, CONGÉS, CORRESPONDANCE OFFICIELLE.

Article 36. Toute permission est demandée par la voie hiérarchique.

Article 37. En dehors des congés réguliers, les élèves ne peuvent obtenir que des permissions d'une durée très limitée et pour des motifs très graves dont le directeur est le seul juge.

Article 38. En cas d'urgence, le sous-directeur ou le major peuvent accorder des permissions, sous la réserve d'en rendre compte immédiatement au directeur.

Article 39. Tout élève rentrant de permission se présente à l'officier de semaine et lui remet son titre d'absence qui est transmis sans retard au trésorier.

Article 40. Les réclamations ou demandes ne peuvent être faites que dans les conditions déterminées par le règlement sur le service intérieur des corps de troupe (articles 213 et 214).

CHAPITRE IV.

SOLDE ET ACCESSOIRES.

Article 41. La solde est payée à terme échu, le dernier jour de chaque mois, par les soins de l'officier d'administration trésorier de l'Ecole.

La solde nette à toucher par mois pour les aides-majors de 2e classe élèves est de 240 francs (avant six ans de service); elle est majorée des indemnités de cherté de vie, temporaire, exceptionnelle de guerre, de charges militaires et de charges de famille, d'après les règlements en vigueur.

Il leur est attribué une première mise d'équipement de 575 francs.

Les retenues pour dettes à exercer sur la solde des élèves ne peuvent avoir lieu qu'en vertu d'oppositions juridiques ou de saisies-arrêts par le règlement sur la solde et les lois en vigueur.

CHAPITRE V.

AIDES-MAJORS MALADES.

Article 42. Tout élève indisposé ou malade se présente à l'officier de semaine ou le fait prévenir s'il est dans l'impossibilité absolue de se rendre à l'Ecole.

Article 43. Les élèves indisposés ne sont qu'exceptionnellement autorisés à se faire soigner chez eux (lorsqu'ils sont mariés ou habitent chez leurs parents). Ils sont traités à l'hôpital militaire.

CHAPITRE VI.

LOGEMENT, PENSION.

Article 44. Les élèves sont tenus de se loger le plus près possible de l'hôpital militaire et de l'Ecole.

Article 45. Ils sont autorisés à vivre chez eux dans leur famille, à l'hôtel, par groupe ou isolément. Le directeur de l'Ecole s'assure que la manière de vivre des élèves est en rapport avec la dignité professionnelle; il intervient s'il est nécessaire.

Article 46. Le directeur signale au Ministre tout aide-major élève qui a fait l'objet de réclamations justifiées pour dettes.

CHAPITRE VII.

TENUE.

Article 47. Les aides-majors élèves portent la tenue des médecins des troupes coloniales.

Le port des vêtements de toile blanche ou kaki, conformément aux règlements en vigueur, sera autorisé suivant les ordres du commandant d'armes.

Tenue d'équitation : comme la tenue de l'école, mais avec la culotte de drap ou de toile kaki et les bottes à l'écuyère; les houzeaux vernis noirs sont autorisés; éperons à la chevalière.

En été, les effets de toile sont pris d'après les ordres de la place. Le manteau d'ordonnance et la pèlerine sont réglementaires. Le veston noir en drap simple ou en drap caoutchouté sans galons et la pelisse sont autorisés, excepté en grande tenue. La pelisse coloniale est tolérée en tenue d'école.

Tous les effets doivent être confectionnés conformément à la description des uniformes des troupes coloniales.

Article 48. Les aides-majors élèves étant appelés à servir aux armées en cas de mobilisation doivent être pourvus de la tenue de campagne (revolver, brassard de neutralité, sacoche médicale et de la cantine à bagages).

Article 49. Les cheveux sont coupés courts surtout par derrière. Les élèves portent à leur gré les moustaches avec ou sans la mouche ou la barbe entière.

Article 50. Le deuil militaire se porte par un crêpe à l'épée et le deuil de famille par un crêpe au bras gauche.

Article 51. En dehors de l'Ecole et du service, les élèves sont autorisés à porter la tenue civile. Elle doit être convenable et en rapport avec leur situation d'officier.

CHAPITRE VIII.

EMPLOI DU TEMPS DES ÉLÈVES.

Article 52. A l'hôpital militaire, l'appel des élèves a lieu tous les matins à l'heure fixée par le tableau de service. Aussitôt après l'appel, ils se rendent : les aides-majors médecins dans les salles des malades, les pharmaciens à la pharmacie.

Tout stationnement dans les corridors et jardins est interdit.

Les élèves affectés à des services spéciaux dans les hôpitaux civils sont contrôlés par l'officier de semaine.

Tous les élèves, quel que soit le service auquel ils sont affectés, sont tenus d'assister aux cliniques et cours faits dans la matinée à l'hôpital militaire.

Article 53. Sous aucun prétexte, les élèves ne peuvent quitter leur service sans l'autorisation du chef de service.

Article 54. Les jours et heures des cliniques, cours, conférences, travaux pratiques, tant à l'Ecole que dans les hôpitaux militaires ou civils et dans les établissements spéciaux sont fixés par le tableau de service arrêté par le directeur sur la proposition du sous-directeur.

Article 55. Le directeur de l'Ecole s'entend avec le commandant d'armes de Marseille pour que les élèves soient exercés à l'équitation.

Article 56. L'escrime est facultative. Le directeur s'entend avec le commandant d'armes pour qu'une salle d'armes et des moniteurs soient mis à la disposition des officiers et des élèves de l'Ecole dans un casernement voisin.

CHAPITRE IX.

COURS ET CONFÉRENCES. — TRAVAUX PRATIQUES.

Article 57. L'appel des élèves a lieu au début de chaque cours, conférence ou séance des travaux pratiques.

Article 58. Les élèves doivent posséder des cahiers d'un modèle fixé par le directeur et destinés à la prise des notes.

Un cahier spécial est affecté à chacun des cours.

Article 59. Après chaque cours ou séance de travaux pratiques, le professeur adresse au sous-directeur un bulletin indiquant le sujet traité ou les travaux exécutés et signalant les faits particuliers qui se seraient présentés.

Article 60. Le professeur d'anatomie chirurgicale et de médecine opératoire a la direction et la responsabilité des travaux de l'amphithéâtre d'anatomie.

Il adresse chaque semaine au bureau du major, un bulletin indiquant les ressources de l'amphithéâtre et ses besoins afin que des mesures puissent être prises en temps utile pour assurer l'envoi de nouveaux sujets et permettre la continuité des travaux anatomiques.

Article 61. Un registre dit « de travaux pratiques » reçoit la mention journalière et nominative des travaux exécutés par les élèves dans les services de médecine opératoire, bactériologie, pharmacie, médecine légale.

Il est visé par le directeur à la fin de chaque période scolaire.

Article 62. Les divers travaux pratiques de médecine opératoire, bactériologie, pharmacie, de même que les exercices cliniques à l'hôpital, sont surveillés et enseignés par les professeurs adjoints sous la direction des professeurs.

Article 63. Chaque élève doit être pourvu d'une trousse réglementaire, d'un ophtalmoscope, d'un stéthoscope, d'une boîte pour dissections.

Article 64. Le professeur adjoint, chef des travaux de pharmacie, est chargé des exercices de radiographie.

Article 65. Les autopsies ont lieu sur l'autorisation du médecin-chef de l'hôpital et sous la direction des médecins traitants.

Article 66. Des notions pratiques d'électrothérapie, d'hydrothérapie, de mécanothérapie et de massage sont données, dans les cours de la dernière période scolaire, par les professeurs adjoints de médecine et de chirurgie, qui ont recours, si cela est nécessaire, aux ressources des hôpitaux civils.

Article 67. Les élèves sont exercés à des manœuvres de brancardiers et autres exercices du service de santé, sous la direction du médecin-chef de la section d'infirmiers. Ils sont appelés à tour de rôle à commander les soldats mis à leur disposition.

Article 68. Chaque année, le directeur arrête la liste des établissements militaires et civils présentant un intérêt quelconque au point de vue hygiène ou sanitaire à faire visiter par les élèves. Il adresse des propositions au Ministre pour les voyages d'études complémentaires (sanatoria, stations thermales, etc.) qui pourraient être faits, pour les manœuvres militaires spéciales et les opérations diverses se rapportant à l'exécution du service de santé et présentant un certain intérêt au point de vue des études (manœuvres du service de santé, commission de réforme, etc.).

Ces exercices complémentaires servent de thème à des rapports établis par les élèves.

CHAPITRE X.

VESTIAIRE, BIBLIOTHÈQUE, MUSÉE.

Article 69. La répartition des armoires du vestiaire se fait aux élèves au commencement de l'année scolaire; la remise des clefs de ces pupitres est constatée sur une feuille nominative où chaque élève appose sa signature en regard du numéro de son pupitre.

La restitution de ces clefs a lieu la veille du départ de l'Ecole. Elle se fait entre les mains de l'officier d'administration trésorier.

Article 70. La bibliothèque est ouverte de 8 heures du matin à 6 heures du soir pendant toute l'année, sauf les dimanches et fêtes, où elle est fermée à midi. Aucun livre ne peut être pris directement sur les rayons, il doit être demandé au gardien.

Un règlement spécial, affiché dans la bibliothèque, en détermine le fonctionnement.

Article 71. La salle des collections reste fermée; elle ne peut être ouverte que sur la demande au professeur qui en est chargé ou sur l'ordre du directeur ou du sous-directeur.

CHAPITRE XI.

CLASSEMENT SEMESTRIEL ET DE SORTIE.

Article 72. Dans le cours de chaque période scolaire, les professeurs et les professeurs adjoints procèdent à des interrogations ou font exécuter des épreuves pratiques qui donnent lieu à des notes de 0 à 20.

Dans la seconde quinzaine d'avril, des examens comprenant des épreuves écrites (épidémiologie, pathologie exotique, hygiène, médecine légale, administration et comptabilité, chirurgie d'armée, chimie appliquée à l'hygiène, à la médecine, aux expertises dans l'armée et à la toxicologie), et des épreuves pratiques (cliniques médicale et chirurgicale, médecine opératoire, pansements et appareils, bactériologie, chimie), sont passés devant des jurys composés, pour chaque matière examinée, du directeur (ou du sous-directeur), du professeur (ou du professeur adjoint). Ces jurys attribuent des notes de 0 à 20.

Article 73. Pour le classement semestriel, les notes sont fusionnées de la façon suivante :

La moyenne des notes d'interrogation ou d'épreuve pratique de chaque professeur pendant le semestre écoulé reçoit le coefficient 1, 5.

La moyenne des mêmes notes données par chaque professeur adjoint reçoit le coefficient 1.

La note donnée par le jury semestriel reçoit le coefficient 3.

Le classement semestriel est établi par la totalisation des notes ainsi obtenues.

Article 74. Ces classements sont portés à la connaissance des élèves avec le relevé des points attribués à chacun d'eux dans chaque matière.

Article 75. Lorsqu'un élève n'a pu, pour un motif légitime, prendre part à une ou plusieurs, ou même à la totalité des épreuves de l'examen semestriel, il est attribué pour chacune des épreuves pratiques, une note équivalente à la moyenne de ses notes d'interrogation pour la même matière. Il devra subir, dès qu'il le pourra, les examens écrits auxquels il n'aura pu prendre part en temps opportun.

Article 76. Le concours de sortie est passé devant un jury spécial présidé par un médecin inspecteur ou inspecteur général, désigné par le Ministre et composé comme il est dit à l'annexe n° 1.

Les divers membres du jury sont désignés par le Ministre.

Les règles et le programme du concours sont indiqués dans l'annexe n° 1.

Le classement par ordre de mérite des aides-majors élèves est arrêté en séance du conseil de perfectionnement présidé par le médecin inspecteur ou inspecteur général, président général des jurys.

Ce classement général est défini par la combinaison des notes obtenues au concours de sortie avec les notes du classement semestriel; à ces notes s'ajoutent :

1° Les notes données par les professeurs et les professeurs adjoints. Ces notes sont totalisées; celles des professeurs reçoivent le coefficient 1, 5;

2° Une note dite de stage hospitalier et qui reçoit le coefficient 3. Cette note, présentée par le directeur, est fixée d'accord avec les professeurs chargés des divisions coloniales à l'hôpital, et les professeurs adjoints qui auront été appelés à contrôler l'assiduité et le travail des officiers élèves en stage dans les cliniques extérieures;

3° Les notes de conduite, tenue, équitation, données par le directeur de l'Ecole.

Le chiffre minimum des points d'admissibilité est de 814 pour les médecins et de 605 pour les pharmaciens, suivant le calcul détaillé à l'annexe n° 2.

Article 77. A égalité de points au classement de sortie, les élèves prennent rang d'après le classement semestriel.

Article 78. En cas d'absence dûment motivée à l'une ou plusieurs ou même à la totalité des épreuves orales de sortie, il est attribué, pour chaque épreuve manquée, une note équivalente à la moyenne de celles obtenues antérieurement dans la même matière au classement semestriel.

S'il s'agit d'épreuves écrites, le jury choisira des sujets de composition qui seront traités par le candidat. Dans le cas où l'officier élève n'aura été en état de prendre part au concours qu'après la clôture des opérations du jury, il appartiendra au Ministre de statuer sur son cas, après avis du conseil de perfectionnement et du médecin inspecteur ou inspecteur général président du jury.

Article 79. Les médecins et pharmaciens aides-majors élèves prennent rang sur la liste d'ancienneté dans le grade de médecin et pharmacien aide-major de 2e classe d'après leur numéro de classement à l'examen de sortie.

Article 80. Tout élève qu'une maladie aura tenu éloigné de la scolarité pendant deux mois au moins pourra être admis à recommencer son année de stage.

Article 81. Les candidats qui n'ont pas obtenu le minimum de points fixé par le règlement peuvent, suivant le cas et la proposition du jury, être autorisés à redoubler l'année d'études ou mis en non-activité.

TITRE III.

Enseignement spécial pour les officiers du service de santé des troupes coloniales, en congé en France. — Admission des médecins civils et des médecins étrangers.

Article 82. Les médecins et pharmaciens des troupes coloniales autorisés par le directeur à suivre les cliniques et à fréquenter les amphithéâtres et laboratoires devront observer les consignes particulières de chaque laboratoire ainsi que toutes les recommandations qui pourront leur être faites par les professeurs.

Article 83. Pendant la période du 15 janvier au 1er novembre, les études spéciales auxquelles ils se livreront ne devront pas gêner l'exercice de l'enseignement de l'Ecole.

Article 84. Les ressources de toute nature des laboratoires et amphithéâtres seront mises gratuitement à leur disposition pour leurs recherches et expériences personnelles, mais seulement dans les limites fixées par le directeur: le directeur peut inviter ces officiers à faire aux élèves l'exposé de leurs travaux et des résultats auxquels ils ont été conduits.

Il peut de même, sans autorisation préalable du Ministre, demander aux officiers du corps de santé, qualifiés par des recherches ou travaux spéciaux, de faire des conférences à l'Ecole.

Article 85. Tous les médecins militaires pourront bénéficier des mêmes avantages accordés aux officiers du service de santé des troupes coloniales.

Article 86. Les médecins civils de nationalité française étrangers à l'Ecole qui désirent suivre les cours et conférences pourront y être autorisés par le directeur de l'Ecole.

Les personnes de nationalité étrangère qui désirent pénétrer dans l'Ecole, en suivre les cours, etc., doivent en demander l'autorisation au Ministre de la guerre par l'intermédiaire de l'ambassadeur de leur pays.

Le Ministre de la guerre,

A. Millerand.

ANNEXE N° 1.

Programme de l'examen de sortie des médecins et pharmaciens, élèves de l'École d'application du service de santé des troupes coloniales.

MATIÈRES DES ÉPREUVES.

Les épreuves de l'examen de sortie portent sur toutes les matières qui font l'objet de l'enseignement de l'Ecole, à savoir :

1° Pour les médecins.

1° Clinique médicale et pathologie exotique.

2° Epidémiologie et prophylaxie des maladies transmissibles, police sanitaire.

3° Bactériologie pratique, hygiène militaire et coloniale.

4° Médecine légale militaire, administration et service de santé en France et aux colonies; législation militaire.

5° Clinique chirurgicale et des maladies spéciales.

6° Chirurgie d'armée.

7° Anatomie chirurgicale et médecine opératoire, pansements et appareils.

2° Pour les pharmaciens.

1° Pharmacie, préparation et essai des médicaments.

2° Chimie appliquée à l'hygiène.

3° Chimie appliquée à la médecine légale.

4° Matière médicale et produits coloniaux.

5° Comptabilité pharmaceutique, administration (service de santé en France et aux colonies), législation militaire.

6° Bactériologie pratique.

Composition du jury.

Le jury sera divisé en trois sections (médecine, chirurgie, pharmacie) fonctionnant simultanément.

Les deux premières seront composées chacune de deux professeurs de la ligne médicale ou chirurgicale et d'un officier supérieur du corps de santé des troupes coloniales pris en dehors de l'Ecole; ces sections seront présidées par le médecin inspecteur et par le directeur de l'école.

La section de pharmacie sera composée d'un pharmacien principal des troupes coloniales, président: du professeur chargé de la chaire de chimie, et d'un pharmacien ou médecin des troupes coloniales du grade de major de 2e classe au moins.

Des professeurs adjoints seront désignés pour suppléants dans chacune des sections; ils sont désignés par le président du jury sur la présentation du directeur de l'Ecole.

Le médecin inspecteur peut, au cours des épreuves, prendre la présidence de telle section qui lui conviendra.

Opérations du jury. — Le médecin inspecteur président des jurys convoque tous les membres à une séance générale d'ouverture dans laquelle est arrêtée dans ses détails la marche des opérations.

Le procès-verbal de chaque séance est dressé immédiatement par le juge le moins ancien de grade dans chacune des sections.

Cet officier est, en outre, chargé, conjointement avec le juge suppléant, d'assurer la surveillance des compositions écrites.

Il est attribué à chaque épreuve et par chacun des membres du jury une note graduée d'après l'échelle ci-dessous :

0.	Nul.
1. 2.	Très mal.
3, 4, 5.	Mal.
6, 7, 8, 9, 10.	Médiocre.
11.	Passable.
12, 13, 14.	Assez bien.
15, 16, 17.	Bien.
18, 19.	Très bien.
20.	Parfait.

La note moyenne résulte de la fusion des notes données par chacun des membres.

Cette note, multipliée par le coefficient qui lui est attribué à l'annexe n° 2, est consignée au procès-verbal de la séance.

A la fin du concours, le médecin inspecteur président des jurys fait dresser, en séance du conseil de perfectionnement de l'Ecole, un état général des notes obtenues par chaque élève pour chacune des épreuves.

Tous les membres du jury assistent à cette séance.

Le classement des élèves est arrêté, suivant le détail indiqué à l'annexe n° 2, par la totalisation de ces notes avec la moyenne du classement semestriel, avec les notes des professeurs et professeurs adjoints, de stage hospitalier, et celles de conduite, tenue et d'équitation attribuées par le directeur de l'Ecole.

Dans la séance générale de classement, le président des jurys provoque les observations de tous les membres sur la marche des épreuves.

Après avoir prononcé la clôture des opérations, il transmet au Ministre le procès-verbal général avec les pièces à l'appui.

Il accompagne cet envoi d'un rapport sur les observations qu'il a pu faire au point de vue du mécanisme des épreuves, de leur valeur générale, de l'instruction professionnelle et de l'habileté pratique des élèves, etc.

EXÉCUTION DES ÉPREUVES.

a) *Epreuves écrites.*

Le sujet de chaque épreuve écrite est tiré au sort parmi trois questions préalablement délibérées par le jury et dicté aux élèves.

Les compositions, effectuées sans livres ni notes et écrites lisiblement, sont remises par chaque élève, sous pli fermé, à l'officier surveillant, qui leur donne un numéro d'ordre de dépôt et réunit toutes les compositions dans une même enveloppe cachetée.

Cette enveloppe, en attendant la lecture des copies, est déposée dans le coffre-fort de l'Ecole.

Dans une ou plusieurs séances ultérieures, les élèves sont appelés à lire leur copie dans l'ordre où ils en ont fait la remise.

Cette lecture est suivie par un des membres du jury et un élève.

Le jury attribue sa note immédiatement après la lecture de chaque copie.

Les copies restant à lire après la séance sont réintégrées dans une enveloppe cachetée et déposées dans le coffre-fort.

Les épreuves écrites portent sur les matières suivantes :

1° Ligne médicale.

a) Epidémiologie, pathologie exotique (trois heures);

b) Hygiène militaire et coloniale, police sanitaire (trois heures);

c) Médecine légale militaire (une heure est accordée pour cette épreuve, qui consiste dans l'établissement d'un rapport médico-légal sur les données fixées par le jury, ou dans la rédaction d'un ou plusieurs certificats médicaux de modèles réglementaires du service de santé. La note donnée pour cette épreuve écrite est fusionnée avec celle attribuée pour les interrogations sur l'administration et le service de santé en France et aux colonies);

d) Chirurgie d'armée (trois heures).

2° Ligne pharmaceutique.

a) Chimie appliquée à l'analyse des denrées alimentaires, aux expertises dans l'armée, aux analyses médicales et à la toxicologie (trois heures).

b) Administration et comptabilité pharmaceutiques (trois heures).

Cette épreuve comprendra l'établissement d'une ou de plusieurs pièces comptables, d'après les règlements sur la comptabilité-matières et sur le fonctionnement des services médicaux aux colonies.

La note donnée pour cette épreuve sera fusionnée avec celle attribuée pour les interrogations sur l'administration et le service de santé en France et aux colonies.

b) *Epreuves orales et pratiques.*

L'ordre dans lequel les élèves subissent ces épreuves est tiré au sort dans la séance générale d'ouverture.

A chaque séance, les élèves tirent au sort les sujets d'examens cliniques, opérations ou interrogations. Les questions enfermées dans l'urne sont toujours en nombre supérieur de quelques unités à celui des élèves qui passent dans la séance.

Les épreuves orales et pratiques portent sur les matières suivantes :

1° Ligne médicale.

a) Clinique médicale et exotique :

Examen d'un malade atteint d'une affection médicale ou exotique. Dix minutes sont accordées pour l'examen, cinq minutes de réflexion et quinze minutes pour l'exposition.

b) Clinique chirurgicale et des maladies spéciales :

Examen, dans les mêmes conditions que ci-dessus, d'un malade atteint d'une affection ressortissant de la clinique générale ou spéciale.

c) Anatomie chirurgicale et médecine opératoire :

Pratique de deux opérations après exposé préalable de l'anatomie de la région. La durée totale de l'épreuve est de quarante minutes.

d) Bactériologie pratique. Reconnaissance et coloration de microbes et préparation d'un milieu de culture (temps fixé par le jury) :

Interrogations sur la préparation.

e) Administration, législation militaire et service de santé en France et aux colonies. Chaque élève a dix minutes pour exposer la question qu'il aura tirée de l'urne; dix minutes de réflexion sont accordées.

La note donnée est fusionnée avec celle donnée pour l'épreuve écrite de médecine légale.

2° Ligne pharmaceutique.

a) Pharmacie, préparation et essai de médicaments :

Une préparation et l'essai d'un ou plusieurs médicaments seront assignés à chaque candidat.

Cette épreuve durera trois heures et sera suivie, pendant quinze minutes au plus, d'interrogations qui porteront sur toutes les préparations du formulaire des hôpitaux militaires.

b) Chimie appliquée à l'analyse des denrées alimentaires, aux analyses médicales et aux expertises dans l'armée :

1° Chaque candidat tirera une question au sort.

Six heures sont accordées pour l'expertise et la rédaction du rapport corrélatif;

2° Dans les séances suivantes, chaque candidat lira son rapport, qui sera discuté par le jury. Il sera fait au candidat une interrogation se rapportant à l'hygiène, aux analyses médicales et aux expertises dans l'armée. La question sera tirée au sort. Cette interrogation ne durera pas plus de dix minutes.

c) Chimie appliquée à la médecine légale. Cette épreuve comprendra deux parties :

1° Chaque candidat tirera une question au sort; l'expertise, y compris la rédaction du rapport, durera sept heures;

2° Dans les séances suivantes, la lecture et la discussion des rapports auront lieu comme à l'épreuve précédente.

L'interrogation sur une question de médecine légale durera dix minutes au plus et sera tirée au sort.

d) Matière médicale et produits coloniaux. Cette épreuve comprend deux parties :

1° Reconnaissance de vingt médicaments composés (chimiques et galéniques) du formulaire des hôpitaux militaires et vingt drogues simples ou produits coloniaux;

2° Interrogation de dix minutes sur un des produits coloniaux étudiés dans l'armée. La question sera tirée au sort.

e) Administration et comptabilité pharmaceutique, service de santé en France et aux colonies :

Chaque élève a dix minutes pour exposer la question qu'il aura tirée de l'urne; dix minutes de réflexion sont accordées.

La note donnée est fusionnée avec celle donnée pour l'épreuve écrite.

f) Bactériologie pratique. Reconnaissance et coloration de microbes. Préparation d'un milieu de culture. Temps fixé par le jury.

ANNEXE N° 2.

Calcul du minimum de points.

1° *Médecins.*

a) Classement semestriel.

1° Clinique médicale et pathologie exotique..	Note du professeur.......	11 × 1,5	60,5	181,5	Section médicale et administrative.
	Note du professeur adjoint.	11			
	Note du jury..	11 × 3			
2° Hygiène, épidémiologie, bactériologie........	Note du professeur.......	11 × 1,5	60,5		
	Note du professeur adjoint.	11			
	Note du jury..	11 × 3			
3° Médecine légale, administration...........	Note du professeur.......	11 × 1,5	60,5		
	Note du professeur adjoint.	11			
	Note du jury..	11 × 3			
4° Clinique chirurgicale, chirurgie d'armée spéciale.	Note du professeur.......	11 × 1,5	60,5	121	Section chirurgicale.
	Note du professeur adjoint.	11			
	Note du jury..	11 × 3			
5° Anatomie et médecine opératoire.............	Note du professeur.......	11 × 1,5	60,5		
	Note du professeur adjoint.	11			
	Note du jury..	11 × 3			
Admissibilité............ ...				302,5	

b) Classement final.

1° Classement semestriel		302,5	
2° Stage hospitalier	11 × 3	33	
3° Notes présentées par le directeur. Conduite	11	33	
Tenue	11		
Equitation	11		
4° Notes des professeurs.	11 × 5 × 1,5 = 82,5	137,5	
5° Notes des professeurs adjoints	11 × 5 = 55		
6° Notes du concours de sortie :			
a) Clinique médicale	11 × 4 = 44	187	Médecine et administration.
b) Epidémiologie, pathologie exotique	11 × 3 = 33		
c) Hygiène militaire et coloniale, police sanitaire	11 × 3 = 33		
d) Bactériologie théorique et pratique	11 × 3 = 33		
e) Médecine légale militaire, administration, législation, service de santé en France et aux colonies	11 × 4 = 44		
f) Clinique chirurgicale, diagnostic spécial, bandages et appareils	11 × 4 = 44	121	Chirurgie.
g) Chirurgie d'armée	11 × 3 = 33		
h) Anatomie et médecine opératoire	11 × 4 = 44		
TOTAL GÉNÉRAL. — Minimum d'admissibilité.		814	

2° *Pharmaciens.*

a) Classement général.

Notes du professeur	11 × 3 = 33	55
Notes du professeur adjoint	11 × 2 = 22	
Notes du jury :		
a) Toxicologie et matière médicale	11 × 3 = 33	143
b) Chimie, travaux pratiques	11 × 4 = 44	
c) Bactériologie pratique	11 × 3 = 33	
d) Administration, service de santé et comptabilité	11 × 3 = 33	
TOTAL		198

b) Classement final.

1° Classement semestriel		198
2° Stage hospitalier	11 × 2 = 22	22
3° Notes du professeur	11 × [illegible] 33	
Notes du professeur adjoint	11 × 2 = 22	
Notes du professeur de bactériologie	11 × 2 = 22	99
Notes du professeur d'administration, législation, service de santé et comptabilité	11 × 2 = 22	
4° Notes du directeur :		
Conduite	11	
Tenue	11	33
Equitation	11	
5° Notes du concours de sortie :		
a) Chimie appliquée, épreuve écrite	11 × 3 = 33	
b) Essai et préparation de médicaments	11 × 3 = 33	
c) Chimie appliquée à l'hygiène, à la médecine, aux expertises dans l'armée	11 × 4 = 44	
d) Chimie appliquée à la médecine légale	11 × 4 = 44	253
e) Matière médicale et produits coloniaux	11 × 2 = 22	
f) Administration, législation, service de santé et comptabilité pharmaceutique en France et aux colonies	11 × 4 = 44	
g) Bactériologie pratique	11 × 3 = 33	
Minimum de l'admissibilité		605

Écoles de sous-officiers élèves officiers.

Circulaire prescrivant que les sous-officiers d'infanterie coloniale admis à l'Ecole de Saint-Maixent seront placés à la suite du 1er régiment.

(Direction des Troupes coloniales ; Bureau du Personnel de l'Infanterie coloniale.)

Paris, le 9 février 1901.

Dans le but de simplifier le travail d'écritures qui résulte des errements suivis jusqu'à ce jour, tous les sous-officiers d'infanterie coloniale qui entreront à l'Ecole de Saint-Maixent, à la suite du concours annuel, seront placés, à compter du jour de leur entrée à l'Ecole, à la suite du 1er régiment.

En outre, le lieutenant d'infanterie coloniale détaché comme instructeur à l'Ecole et le sous-officier chargé de la comptabilité seront placés également à la suite du 1er régiment.

Comme conséquence de cette mesure, toute la correspondance nécessitée par l'entretien à l'Ecole de Saint-Maixent des élèves officiers de l'infanterie coloniale sera échangée uniformément par le conseil de l'Ecole avec un seul régiment.

Ces dispositions entreront en vigueur dès cette année.

Instruction pour l'obtention du certificat d'aptitude professionnelle exigée par l'article 5 du décret du 29 août 1908, des sous-officiers des troupes coloniales candidats à l'Ecole d'administration militaire (section B. artificiers et ouvriers d'Etat de l'artillerie coloniale) (1).

(Direction des troupes coloniales; Bureau technique.)

Paris, le 29 mars 1911.

Art. 1er. Les dispositions de l'instruction du 27 octobre 1910, pour l'obtention du certificat d'aptitude professionnelle exigé des sous-officiers de l'artillerie métropolitaine candidats à

---

(1) Modifiée le 29 octobre 1913.

l'Ecole d'administration militaire sont applicables aux sous-officiers de l'artillerie coloniale dans les conditions indiquées ci-après :

Art. 2. Le certificat d'aptitude professionnelle exigé des candidats à l'emploi d'officier d'administration artificier est constitué par le brevet d'artificier obtenu dans les conditions prévues par la circulaire du 8 septembre 1910, appliquée aux troupes coloniales par la circulaire du 10 mars 1911.

Art. 3. Les candidats aux emplois d'ouvriers d'Etat accomplissent leur stage d'instruction à la fonderie de Bourges où ils suivent, selon leur profession, les cours faits aux candidats chefs ouvriers en fer ou en bois de l'artillerie métropolitaine.

Art. 4. Le général commandant le corps d'armée des troupes coloniales statue sur les demandes faites par les sous-officiers de l'artillerie coloniale en service en France à l'effet d'être autorisés à accomplir le stage prévu à l'article 3.

Il assure, en temps utile, leur mise en route sur la place de Bourges et avise le directeur de l'établissement intéressé de leur arrivée.

Le Ministre statue sur les demandes des candidats en service aux colonies qui doivent lui être transmises par les commandants supérieurs des troupes, de manière à parvenir chaque année à l'administration centrale (8e Direction; 3e Bureau) avant le 1er juin.

DISPOSITIONS TRANSITOIRES.

Art. 5. Les certificats d'aptitude obtenus antérieurement par application des dispositions de l'instruction du 9 mars 1909 tiendront lieu, aux militaires qui en sont pourvus, des certificats prévus par la présente instruction.

Art. 6. Les dispositions qui précèdent seront appliquées dès 1911.

Instruction sur la préparation des candidats des troupes coloniales aux écoles de sous-officiers élèves officiers (1).

N° 592 1/8. Paris, le 22 février 1922.

DISPOSITIONS GÉNÉRALES.

Article 1er. La préparation des candidats aux écoles de sous-officiers élèves officiers est assurée au moyen de cours à trois degrés.

Le cours du 1er degré est destiné aux gradés ayant au moins six mois de service et susceptibles de concourir par la suite pour l'admission aux écoles de sous-officiers.

Le cours du 2e degré est réservé aux gradés ayant justifié, par un examen, de la connaissance de toutes les matières enseignées au cours du premier degré (voir article 10).

Le cours du 3e degré est réservé aux sous-officiers ayant au moins une année de grade et ayant justifié, par un examen, de la connaissance de toutes les matières enseignées au cours du 2e degré.

Les candidats ayant déjà fait des études sérieuses pourront être admis, après vérification de leurs connaissances, soit à entrer directement au cours du 2e degré, soit à entrer directement au cours du 3e degré, soit à se présenter directement aux concours d'admission.

Le cycle complet des trois degrés ne s'adressera qu'aux jeunes gens doués de qualités intellectuelles suffisantes, mais n'ayant pas pu compléter leurs études pour des empêchements quelconques.

PROGRAMME D'ENSEIGNEMENT.

Article 2. Les matières à enseigner sont celles des programmes de l'instruction pour l'admission aux écoles de sous-officiers élèves officiers.

Le cours du 1er degré comporte surtout un débourrage sérieux des élèves en français, arithmétique, algèbre et géométrie plane.

(1) Modifiée les 5 avril 1922 et 5 juillet 1922.

Les cours du 2e degré comprennent l'étude de l'histoire et de la géographie; achèvent les programmes d'arithmétique, algèbre, trigonométrie et géométrie; commencent ceux de mécanique, physique, chimie et dessin.

Le cours du 3e degré, en dehors de l'achèvement des programmes, comprend, dans chaque matière, un nombre important de leçons de révision.

Le programme général d'enseignement, ainsi que sa répartition entre les trois degrés de cours, font l'objet de l'annexe I à la présente instruction.

ORGANISATION DES COURS.

Article 3. Les cours sont communs à l'artillerie et à l'infanterie et aux sections annexes (1).

Article 4. *Cours des 1er et 2e degrés.* — 1° Il est organisé un cours des 1er et 2e degrés :

a) A Brest, au 2e régiment d'infanterie coloniale, pour les gradés des unités coloniales stationnées dans les 10e et 11e régions (1er régiment d'infanterie coloniale, 2e régiment d'infanterie coloniale, 1er régiment d'artillerie coloniale, 2e régiment d'artillerie coloniale);

b) A Bordeaux, au 7e régiment d'infanterie coloniale, pour les grades des unités coloniales stationnées dans les 17e et 18e régions (3e régiment d'infanterie coloniale, 7e régiment d'infanterie coloniale, 14e et 16e régiments de tirailleurs sénégalais);

c) A Marseille, au 22e régiment d'infanterie coloniale, pour les gradés des 22e régiment d'infanterie coloniale, 24e régiment d'infanterie coloniale et 150e bataillon de tirailleurs sénégalais;

d) A Toulon, au 8e régiment d'infanterie coloniale, pour les gradés des 8e et 4e régiments d'infanterie coloniale, des bataillons de mitrailleurs n° 2 et n° 6, du 73e bataillon de transition et du 10e régiment d'artillerie coloniale;

---

(1) En ce qui concerne la participation aux cours des 1er et 2e degrés, les militaires des sections annexes suivent le sort des militaires de l'infanterie ou de l'artillerie coloniale en service dans la même garnison qu'eux. Leur affectation à la garnison où fonctionne le cours sera prononcée par le général commandant le corps d'armée colonial. Les militaires des sections annexes admis au cours du 3e degré sont réunis à Toulon, comme il est dit à l'article 5.

e) A Paris, au 23e régiment d'infanterie coloniale (1), pour les gradés des unités coloniales stationnées dans le gouvernement militaire de Paris (21e et 23e régiments d'infanterie coloniale et 3e régiment d'artillerie coloniale).

Les gradés des 6e et 5e régiments d'infanterie coloniale et de la portion détachée du 3e régiment d'artillerie coloniale à Metz, seront admis aux cours des 1er et 2e degrés des régiments métropolitains des garnisons de Strasbourg, Lyon et Metz, après entente entre le commandant d'armes et, suivant le cas, le général commandant la 6e brigade coloniale ou le général commandant l'artillerie du corps d'armée des troupes coloniales.

2° Les gradés des 1er et 3e régiments d'infanterie coloniale, 14e et 16e régiments de tirailleurs sénégalais, 24e régiment d'infanterie coloniale, bataillons mitrailleurs n° 2 et n° 6, 73e bataillon de transition, autorisés à suivre le cours des 1er et 2e degrés, sont respectivement et définitivement affectés aux régiments désignés ci-dessous :

Gradés du 1er colonial, au 2e colonial;

Gradés du 7e colonial, au 3e colonial;

Gradés du 14e sénégalais, au 3e colonial;

Gradés du 16e sénégalais, au 3e colonial;

Gradés du 24e colonial, au 22e colonial;

Gradés des bataillons mitrailleurs n° 2 et n° 6, au 4e colonial;

Gradés du 73e bataillon de transition, au 8e colonial.

Les gradés du 1er régiment d'artillerie coloniale autorisés à suivre les cours des 1er et 2e degrés sont affectés au 2e régiment d'artillerie coloniale à Brest.

3° L'organisation des cours communs à plusieurs corps coloniaux stationnés dans la même garnison (Brest, Marseille, Toulon, Paris, Bordeaux) est arrêtée dans chaque place intéressée par le général de brigade.

En particulier :

Le général de brigade détermine le nombre des cours de chacun des deux degrés à organiser;

---

(1) Ou au 21e régiment d'infanterie coloniale, ou au 3e régiment d'artillerie coloniale, si le général commandant le corps d'armée colonial le juge préférable, à charge d'en rendre compte.

Répartit les séances entre les matières à enseigner, fixe les heures des séances, de manière qu'elles aient lieu en dehors des périodes de la journée consacrées normalement aux instructions et manœuvres;

Choisit les officiers professeurs, de manière à répartir, autant que possible, les charges sur l'ensemble des corps auxquels appartiennent les élèves.

4° L'enseignement est dirigé par un chef de bataillon, directeur des écoles régimentaires.

Il est confié à des lieutenants et des capitaines qualifiés des corps de troupe, des services et des états-majors.

Dans les cours auxquels sont admis les gradés d'artillerie coloniale (Brest, Toulon, Paris), un officier d'artillerie, au moins, fait toujours partie du personnel enseignant.

En principe, le nombre des professeurs est fixé à trois :

Un professeur de français, d'histoire et de géographie;

Un professeur d'arithmétique, d'algèbre, de trigonométrie, de géométrie et de dessin;

Un professeur de mécanique, physique et chimie.

A Brest, Toulon et Paris, le professeur d'arithmétique, algèbre, trigonométrie, sera suppléé par un officier adjoint.

5° L'admission aux cours des 1er et 2e degrés est prononcée :

Pour les gradés du corps dans lequel fonctionne le cours, par le chef de corps;

Pour les gradés étrangers au corps dans lequel fonctionne le cours, par le général de brigade, sur la proposition de leur chef de corps;

Les gradés admis à un cours ne peuvent le quitter sans autorisation.

La radiation des élèves, pour quelque cause que ce soit, est prononcée, à une époque quelconque de l'année, par l'autorité qui a décidé de l'admission.

Les gradés rayés des cours sont reversés dans leur corps d'origine.

Article 5. *Cours du 3e degré.* — 1° Tous les sous-officiers coloniaux autorisés à suivre les cours du 3e degré sont réunis à Toulon, au 4e régiment d'infanterie coloniale pour l'infanterie coloniale et les sections annexes, au 10e régiment d'artillerie coloniale pour l'artillerie coloniale.

Les cours du 3e degré, communs aux sous-officiers d'infanterie coloniale et d'artillerie coloniale, sont organisés, dirigés et contrôlés par le général commandant la 2e division d'infanterie coloniale.

2° Les professeurs des cours du 3e degré désignés par le Ministre et distraits pour deux ans du tour de départ colonial sont au nombre de six :

Un officier supérieur, lieutenant-colonel ou chef de bataillon, directeur du cours;

Un professeur de français;

Un professeur d'histoire et de géographie;

Un professeur d'arithmétique, d'algèbre et de trigonométrie;

Un professeur de géométrie et de dessin;

Un professeur de mécanique, physique et chimie.

Deux de ces professeurs sont des officiers d'artillerie.

3° Les sous-officiers admis à suivre les cours du 3e degré de Toulon doivent se trouver dans les conditions fixées par les instructions en vigueur pour pouvoir concourir, en fin de cours, pour l'admission aux écoles de sous-officiers élèves officiers.

L'admission au cours du 3e degré est prononcée par le général de brigade.

Article 6. *Dispositions communes aux cours des trois degrés.* — 1° Les cours de chaque degré commencent, en principe, dans les premiers jours d'octobre. Ceux du 1er et du 2e degré ont une durée de huit mois, défalcation faite des interruptions de longue durée qui pourraient être causées par des séjours dans les camps d'instruction, champs de tir, etc...; ceux du 3e degré se prolongent jusqu'aux examens oraux d'admission.

Ils comprennent, en principe, trois séances par semaine.

Dans l'exposé de la leçon, le professeur borne ses développements aux points les plus délicats en renvoyant, pour le reste, les élèves aux ouvrages mis à leur disposition.

A partir du 1er avril les séances sont, en totalité, consacrées à la revision des matières enseignées dans chaque degré.

2° Chaque année, dans les premiers jours de septembre, il est procédé, pour l'admission aux cours du 2e ou du 3e degré, à l'examen des candidats à ces cours prévu par l'article 1er de la présente instruction. Les corps de troupe et services adressent, à cet effet, en temps utile, aux autorités devant prononcer l'admission, l'état nominatif des gradés qu'ils proposent pour suivre ces cours.

Les examens sont basés sur les programmes des cours des 1er et 2e degrés.

Ils comportent une composition française, une composition de mathématiques et des interrogations sur toutes les matières des cours.

La commission d'examen d'admission au 2e degré est présidée par un officier supérieur désigné par le général de brigade; elle comprend les officiers professeurs des cours du 2e degré.

Les compositions écrites des gradés susceptibles de suivre les cours du 3e degré sont envoyées au directeur du cours du 3e degré, à Toulon, qui les fait examiner par les officiers professeurs du cours.

L'examen oral est subi, après retour des compositions écrites, devant une commission régimentaire désignée par le général de brigade et composée en partie d'officiers professeurs.

A la suite des examens visés ci-dessus, examens qui ne donnent lieu à aucun classement, et suivant les propositions établies par la commission, les gradés sont admis ou non à suivre les cours du 2e ou du 3e degré.

Article 7. Chaque année, dans les premiers jours de janvier, il est procédé à Toulon, le cas échéant, par une commission désignée par le général commandant la 2e division d'infanterie coloniale et composée d'officiers professeurs du cours du 3e degré, à l'examen des sous-officiers qui demanderaient à concourir pour l'admission aux écoles, sans avoir subi, au préalable, les cours du 3e degré.

L'examen est basé sur le programme d'admission aux écoles de sous-officiers. Il comprend : une composition française, une composition de mathématiques et des interrogations sur toutes les matières du programme.

Le résultat de l'examen et l'avis de la commission sont transmis au chef de corps ou de service dont dépend le sous-officier examiné.

PERSONNEL ENSEIGNANT.

Article 8. Les officiers professeurs sont choisis, autant que possible, en raison de leurs connaissances générales développées et de leurs aptitudes spéciales qui doivent être faites d'esprit méthodique, de clarté et de précision dans l'exposition, de facilité d'élocution, d'entrain et de dévouement.

Les officiers qui auront été employés aux cours pourront être l'objet de proposition en vue des récompenses suivantes :

Citation à l'ordre du corps d'armée;

Lettre de félicitation du Ministre;

Récompenses et décorations du Ministre de l'instruction publique.

Il sera toujours fait mention, dans leurs notes, de leur participation au service des écoles régimentaires.

MATÉRIEL. — COMPTABILITÉ.

Article 9. Le matériel d'étude nécessaire à chaque élève et le matériel d'un service commun à tous les élèves sont fournis et entretenus au moyen d'un prélèvement fait sur les masses des écoles des corps d'origine des élèves, au prorata du nombre de leurs élèves, sur la demande du chef de corps dans lequel le cours est organisé.

Les dépenses sont réglées par ce dernier corps, qui poursuit ensuite le remboursement de la quote-part des autres corps ou services.

DISPOSITIONS DIVERSES.

Article 10. Les instructions qui règlent actuellement le fonctionnement des écoles régimentaires demeurent en vigueur sous la réserve des modifications introduites par la présente instruction.

Article 11. Dans les corps de troupe stationnés en Algérie-Tunisie, les chefs de corps prendront les dispositions qu'ils jugeront le plus convenables pour assurer l'instruction de leurs candidats en s'inspirant de l'esprit de la présente instruction.

Article 12. Aux colonies, sur les théâtres d'opérations extérieurs et à l'armée française du Rhin, les commandants supérieurs des troupes et les commandants en chef organiseront, lorsque les circonstances le permettront, le cours de chaque degré en s'inspirant de l'esprit de la présente instruction.

DISPOSITIONS TRANSITOIRES.

Article 13. L'instruction pour l'admission aux écoles militaires de sous-officiers à partir de 1922 prévoit l'application progressive des nouveaux programmes d'admission aux écoles militaires de sous-officiers qui n'entreront complètement en vigueur qu'en 1925. Il devra donc être tenu compte de ces dispositions dans l'application de la présente instruction.

Toute latitude est laissée au général commandant le corps d'armée colonial et aux autorités visées aux articles 11 et 12 ci-dessus, à ce sujet, en 1922.

Toutefois, toutes mesures devront être prises pour que le cycle des trois degrés commence à fonctionner en 1923 et atteigne son complet développement en 1925.

ANNEXE I

relative au programme d'enseignement, à la répartition des matières entre les cours des trois degrés, à la répartition des séances entre les diverses matières prévues au programme.

Le programme d'enseignement est le programme défini par l'instruction pour l'admission aux écoles militaires de sous-officiers à partir de 1922.

ANNEXE II.

Paris, le 15 mars 1922.

Est applicable aux troupes coloniales la circulaire du 17 février 1922 (*Bulletin officiel*, page 559) indiquant la liste des ouvrages qui peuvent être utilisés pour la préparation des candidats des troupes métropolitaines aux écoles de sous-officiers élèves officiers.

Écoles militaires préparatoires (enfants de troupe).

Circulaire relative à l'application aux troupes coloniales de l'instruction du 10 octobre 1901 relative aux nominations aux places d'enfants de troupe et à l'admission dans les écoles militaires préparatoires et à l'orphelinat Hériot.

(Direction des Troupes coloniales ; Bureau technique et Direction de l'Infanterie.)

Paris, le 26 décembre 1901.

Les dispositions de l'instruction du 10 octobre 1901, relative à la nomination et à l'administration des enfants de troupe laissés dans leurs familles, ainsi qu'à l'admission des candidats dans les écoles militaires préparatoires et à l'orphelinat Hériot, sont applicables aux corps et services des troupes coloniales, sous réserve des modifications et additions ci-après :

CHAPITRE Ier.

(Sans changement.)

CHAPITRE II.

Art. 3. Ajouter au paragraphe 3° :

« Les demandes d'admission formées pour des fils de militaires ayant appartenu aux troupes coloniales sont transmises par les autorités territoriales au général commandant le corps d'armée des troupes coloniales. »

Art. 4. Ajouter au renvoi n° 2 :

« Pour les enfants de troupe des troupes coloniales, ces certificats (ou leur copie) seront adressés au Ministre sous le timbre : Direction des troupes coloniales; 2e Bureau. »

CHAPITRE III.

Art. 5. Ajouter le paragraphe suivant :

« Les demandes d'admission aux places d'enfants de troupe formées pour des fils de militaires appartenant à un corps de troupe stationné aux colonies sont instruites par le corps des troupes coloniales stationné en France, chargé de la tenue de la matricule du corps colonial auquel appartient le père ».

Art. 6. (Sans changement.)

CHAPITRE IV.

Art. 7. Après le premier paragraphe, ajouter le paragraphe suivant :

« Dans le corps d'armée des troupes coloniales, le président et les membres de la commission sont désignés par le général commandant le corps d'armée, parmi les officiers supérieurs ou assimilés appartenant à ces troupes, en service à Paris autant que possible. »

Art. 8. (Sans changement.)

Art. 9. Après le 2e paragraphe, intercaler le paragraphe suivant :

« En ce qui concerne les troupes coloniales, le travail de la commission est adressé par le général commandant le corps d'armée des troupes coloniales à la direction des troupes coloniales (2e Bureau). »

CHAPITRE V.

(Sans changement.)

TITRE II.

(Sans changement.)

TITRE III.

CHAPITRES X et XI.

(Sans changement.)

CHAPITRE XII.

Ajouter, à la fin du chapitre, le paragraphe suivant :

« Les enfants de troupe appartenant aux troupes coloniales sont répartis entre les diverses écoles militaires préparatoires suivant les ordres donnés chaque année par le Ministre. »

CHAPITRE XIII.

(Sans changement.)

TITRE IV.

CHAPITRE XIV.

(Sans changement.)

CHAPITRE XV.

Art. 35, 36 et 37. (Sans changement.)

Art. 38. Ajouter après les mots : « Les propositions d'admission à l'Orphelinat sont soumises à la commission régionale », le nota suivant : « (Pour les enfants de troupe des troupes coloniales, à la commission prévue au paragraphe 2 de l'article 7. »)

(Le 2e paragraphe sans changement.)

Art. 39. (Sans changement.)

CHAPITRES XVI et XVII.

(Sans changement.)

IIIe PARTIE

Instruction.

Stages d'instruction.

Instruction relative à la désignation d'officiers et de sous-officiers des troupes coloniales pour l'accomplissement d'un stage au Service géographique de l'armée.

N° 3322 1/8. Paris, le 3 septembre 1921.

I. — Officiers.

Des officiers des troupes coloniales sont détachés au service géographique de l'armée pour y recevoir à divers degrés une instruction technique en vue de leur emploi dans les colonies à l'exécution de travaux topographiques importants et à l'établissement de cartes coloniales.

Cet enseignement comporte trois parties : topographie, géodésie et cartographie.

1° Topographie.

Le stage de topographie a une durée de vingt-sept mois et commence le 15 mars.

Les stagiaires sont choisis parmi les officiers ayant une instruction générale suffisante, pour pouvoir suivre l'enseignement qui leur est donné.

Ils doivent être bons dessinateurs, actifs, vigoureux, bons marcheurs, doués d'une bonne vue, d'une constitution robuste et joindre aux qualités d'ordre et de conscience, le tact nécessaire aux relations avec les autorités françaises et les indigènes.

Le nombre des officiers pouvant être admis chaque année au stage de topographie est fixé à douze.

2° Géodésie.

Le stage de géodésie a une durée de trente mois.

Peuvent être admis à ce stage :

a) Les officiers qui, ayant effectué le stage de topographie, auraient montré des aptitudes particulières pour recevoir une instruction plus complète;

b) Les officiers candidats géodésiens qui, sans avoir effectué le stage de topographie, justifient de connaissances étendues en mathématiques. En principe, ils sont choisis parmi les officiers d'artillerie coloniale sortant de l'Ecole polytechnique ou de l'Ecole centrale des arts et manufactures, ou ayant fait des mathématiques spéciales. Toutefois, des officiers d'infanterie coloniale bacheliers ès sciences peuvent également être proposés.

Les officiers admis à un stage de géodésie direct ou non immédiatement consécutif à un stage de topographie sont appelés au service géographique le 1er novembre, afin de pouvoir suivre les leçons du cours de géodésie.

L'effectif total des officiers, anciens stagiaires de topographie ou non, admis chaque année au stage de géodésie pourra atteindre le nombre maximum de dix.

3° Cartographie.

Parmi les stagiaires ayant parcouru le cycle complet des enseignements topographiques et géodésiques, ceux qui paraîtraient présenter les meilleures dispositions pour diriger, aux colonies, un service géographique organisé, ou y être chargés de missions géographiques de quelque importance, peuvent être désignés pour accomplir un troisième et dernier stage d'une durée d'un an et être instruits dans la pratique des travaux cartographiques.

Dispositions générales.

Les stages peuvent être consécutifs ou séparés par des séjours coloniaux, suivant les exigences de la relève et les besoins des colonies en officiers instruits ou ayant un commencement d'instruction. Quand ils doivent être consécutifs, le maintien en stage de l'officier en cause est prononcé par la 8e direction sur la proposition du service géographique de l'armée.

Les candidats pour une première période d'emploi de stagiaire au service géographique de l'armée sont exclusivement choisis parmi les capitaines, sans condition d'ancienneté de grade, qui, à la date d'ouverture du stage, n'auraient pas dépassé l'âge de 35 ans, et parmi les lieutenants ayant accompli au moins une campagne aux colonies ou sur un théâtre d'opérations du bassin méditerranéen.

Exceptionnellement, il peut être admis des candidats géodésiens du grade de capitaine ayant dépassé l'âge de 35 ans, s'ils sont volontaires et présentent par ailleurs les aptitudes physiques nécessaires.

Les officiers qui, au cours d'un stage, seraient reconnus inaptes, en particulier les stagiaires topographes qui ne pourraient devenir chefs de brigade, seront remis à la disposition de leur arme.

II. — Sous-officiers.

Des sous-officiers des troupes coloniales sont détachés au service géographique de l'armée pour y recevoir un enseignement portant exclusivement sur la topographie.

Ils effectuent un stage d'une durée de quinze mois qui commence le 15 mars.

Ils sont choisis parmi les sous-officiers de carrière, liés au service pour une période prenant fin au plus tôt deux ans et demi après l'expiration du stage à accomplir. Ils doivent, en outre, avoir effectué au moins une campagne aux colonies ou sur un théâtre d'opérations du bassin méditerranéen pour pouvoir être proposés. Ils doivent avoir des aptitudes pour le dessin, être consciencieux, actifs, vigoureux, bon marcheurs et susceptibles de fournir à plusieurs reprises cinq ou six mois consécutifs de travail quotidien et de vie en plein air.

Ceux qui, au cours du stage, seraient reconnus inaptes, seront remis à la disposition de leur corps.

Le nombre des sous-officiers pouvant être admis chaque année au stage de topographie est fixé à douze.

Etablissement des propositions pour les différents stages.

Les chefs de corps établissent les propositions de manière qu'elles puissent parvenir au Ministre par la voie hiérarchique (8e Direction; 1er Bureau) le 15 septembre de chaque année pour le stage de géodésie (direct ou non immédiatement consécutif au stage topographique) devant commencer le 1er novembre; le 1er février de chaque année pour les stages de topographie (officiers et sous-officiers).

Les propositions sont faites, autant que possible, sur la demande des intéressés. Elles sont établies suivant le modèle joint à la présente instruction.

Pour les candidats à une première période d'emploi de stagiaire, chaque proposition est accompagnée :

1° D'un état de notes détaillées donnant sur le compte de chaque candidat tous les renseignements se rapportant aux conditions énumérées ci-dessus et indiquant les travaux topographiques et géodésiques qu'il pourrait avoir déjà été appelé à exécuter;

2° D'un dessin topographique de préférence à la plume, avec courbes de niveau et écritures, suffisamment étendu pour permettre de juger de la dextérité de son auteur; ce dessin est obligatoire pour les candidats au stage topographique (officiers et sous-officiers) et facultatif pour les candidats au stage géodésique direct.

Pour les candidats au stage de géodésie qui ont déjà suivi le stage de topographie et pour les candidats au stage de cartographie, il ne sera joint ni l'état de notes, ni le dessin topographique visés ci-dessus. De plus, aucune date n'est fixée pour l'établissement des propositions pour le stage de cartographie.

Les dossiers de demandes des candidats aux divers stages seront communiqués au service géographique de l'armée, qui fera connaître en temps utile à la 8e Direction les candidatures susceptibles d'être agréées.

La présente instruction devra être portée à la connaissance des officiers et sous-officiers dans chaque corps des troupes coloniales.

SERVICE COURANT

DIRECTION

DES TROUPES COLONIALES

1er BUREAU.

Bureau technique.

Instruction ministérielle du 3 septembre 1921.

ARMÉE FRANÇAISE DU RHIN (1)

CORPS D'ARMÉE DES TROUPES COLONIALES (1)

° régiment d' (1).
° bataillon de (1).
° compagnie d'ouvriers (1).
Section de télégraphistes coloniaux (1).

***ÉTAT NOMINATIF** des officiers et sous-officiers proposés pour accomplir un stage au service géographique de l'armée.*

Officiers proposés pour accomplir au service géographique un stage de topographie (1).

Officiers proposés pour accomplir au service géographique un stage de géodésie (1).

Sous-officiers proposés pour accomplir au service géographique un stage de topographie (1).

Indiquer si la proposition est faite d'office ou sur la demande des officiers ou sous-officiers.

(1) Rayer les titre et sous-titres autres que ceux qui doivent subsister.

CORPS.	NOMS ET PRÉNOMS.	DATE de NAISSANCE.	GRADE et POSITIONS SPÉCIALES. — DATE de la nomination au grade.	DATE du DERNIER DÉBARQUEMENT à la rentrée des colonies ou théâtres d'opérations du bassin méditerranéen.

A , le 19 .

Le Chef de corps,

Le Général de brigade,

NOTES du CHEF DE CORPS.	NOTES du GÉNÉRAL DE BRIGADE (s'il y a lieu).	NOTES du GÉNÉRAL commandant l'artillerie du corps d'armée colonial (s'il y a lieu).	NOTES du GÉNÉRAL commandant la division (s'il y a lieu)	NOTES du GÉNÉRAL commandant le corps d'armée colonial.

Le Général commandant l'artillerie du corps d'armée colonial.

Le Général commandant la division,

Le Général commandant le corps d'armée colonial.

Instruction relative à la désignation d'hommes de troupe des troupes coloniales pour l'accomplissement de stages au Service géographique.

Paris, le 20 avril 1911.

En vue d'assurer le fonctionnement des ateliers des services géographiques existant aux colonies, un stage de perfectionnement de six mois sera accompli chaque année au Service géographique de l'armée par des hommes des troupes coloniales.

Le stage comprendra deux séries qui commenceront respectivement les 1er janvier et 1er juillet et à chacune desquelles prendront part six stagiaires.

Les stagiaires seront choisis par le général commandant le corps d'armée des troupes coloniales, d'après les propositions que les corps lui adresseront à la date du 1er novembre.

Il pourra, en outre, être établi par les chefs de corps, à la date du 1er mai, en faveur des militaires rentrés au corps postérieurement à l'établissement des propositions annuelles, des propositions supplémentaires dont il sera tenu compte pour le choix des six stagiaires de la 2e série.

Les candidats à ce stage devront satisfaire aux conditions suivantes :

1° Avoir une excellente conduite ;

2° Etre disponible pour le service colonial à l'issue du stage ;

3° Posséder des connaissances techniques assez développées pour leur permettre de tirer parti du stage.

Les désignations porteront de préférence sur les candidats qui ont déjà été employés dans un service géographique.

Il sera, autant que possible, désigné chaque année :

4 imprimeurs, dont :
- 1 lithographe conducteur de machines;
- 1 lithographe transporteur;
- 1 zincographe;
- 1 militaire choisi alternativement dans les trois branches ci-dessus;

1 typographe;
1 photographe;
5 dessinateurs;
1 mécanicien de profession.

La répartition entre les deux séries annuelles des douze stagiaires appartenant à ces diverses catégories sera faite par le général commandant le corps d'armée des troupes coloniales, après entente avec le général directeur du Service géographique.

A défaut de candidats d'une ou plusieurs spécialités, le choix portera sur d'autres branches et, de préférence : 1° sur les photographes ; 2° sur les dessinateurs ; 3° sur les imprimeurs.

Les stagiaires seront, pendant la durée du stage, placés en subsistance dans un corps de troupe de la garnison de Paris.

A l'issue du stage, ils recevront des notes techniques qui seront transmises à leurs chefs de corps par l'intermédiaire du corps d'armée des troupes coloniales, et qui seront transcrites *in extenso* sur leurs feuillets de notes.

Les stagiaires ayant obtenu des notes techniques satisfaisantes seront signalés par le commandant du corps d'armée colonial au Ministre (8e Direction ; Bureau de l'arme). Ils seront, au moment de leur désignation pour les colonies, affectés autant que possible à celles où existe un service géographique.

Ils pourront, en outre, être désignés hors tour, d'après les demandes de personnel formulées par le Département des colonies, pour les services géographiques militaires ou locaux des diverses colonies.

Circulaire relative aux stages que doivent faire les officiers des troupes coloniales, brevetés d'état-major, à leur sortie de l'Ecole supérieure de guerre.

Paris, le 10 mai 1911.

Les officiers des troupes coloniales brevetés d'état-major accomplissent, à leur sortie de l'Ecole supérieure de guerre, le stage prévu par la loi du 24 juin 1890 dans les conditions suivantes :

1° La première année, dans un état-major de corps d'armée métropolitain;

2° La deuxième année, soit dans un état-major métropolitain, soit dans un état-major aux colonies au commencement d'une période normale de séjour colonial, suivant les nécessités du service.

Ces officiers accomplissent, pendant leur première année de stage, les deux périodes réglementaires, d'un mois chacune, dans les armes autres que leur arme d'origine, prévues par la circulaire du 14 mai 1906.

Ces périodes ont lieu, dans l'artillerie, à l'époque des écoles à feu de cette arme et, dans l'infanterie ou la cavalerie, à l'époque des manœuvres d'ensemble ou des séjours dans les camps.

Elles sont effectuées avant les manœuvres d'automne, de manière que les officiers stagiaires puissent prendre part à ces manœuvres avec leur état-major.

Circulaire relative aux périodes de courte durée à effectuer par les officiers de l'infanterie et de l'artillerie coloniales dans celle des deux armes à laquelle ils n'appartiennent pas.

(Direction des Troupes coloniales ; Bureau technique.)

Paris, le 19 mars 1906.

Par circulaire en date du 9 novembre 1905, j'ai fixé les conditions dans lesquelles certains officiers des grades de lieutenant-colonel, de chef de bataillon ou d'escadron et de capitaine pourraient accomplir des stages dans une arme autre que celle à laquelle ils appartiennent.

Mais il m'a paru que les dispositions de cette circulaire, qui ont un caractère général et qui ne doivent, en raison du but auquel elles répondent, recevoir qu'une application très limitée, pourraient être utilement complétées, pour les troupes coloniales, par l'adoption de mesures spéciales à ces troupes.

Les officiers des troupes coloniales se trouvent, en effet, fréquemment aux colonies dans des situations toutes particulières qui exigent souvent une connaissance assez étendue du service et de l'emploi des deux armes. C'est ainsi que des capitaines et des lieutenants d'infanterie coloniale, commandants de postes ou chargés de petites opérations de guerre, ont souvent sous leurs ordres de petits détachements d'artillerie coloniale ne comprenant pas d'officier, et, réciproquement, que des capitaines et des lieutenants d'artillerie coloniale ont eu, à différentes reprises, à exercer le commandement direct d'une section, d'un peloton ou d'une compagnie d'infanterie européenne ou indigène.

Il importe donc que, dans la plus large mesure possible, les officiers d'infanterie et d'artillerie coloniales aient une connaissance pratique suffisante de l'arme à laquelle ils n'appartiennent pas.

Dans cette vue, j'ai décidé que des officiers du grade de capitaine et de lieutenant, choisis parmi les plus anciens de grade et parmi ceux offrant les meilleures garanties, pourraient être détachés sur leur demande ou, à défaut de volontaires, d'office, dans les unités de celles des armes des troupes coloniales à laquelle ils n'appartiennent pas, et pour une période de courte durée.

Les affectations de cette nature seront prononcées à tout moment de l'année par les soins du général commandant le corps d'armée des troupes coloniales en France, et par les commandants supérieurs des troupes aux colonies ; elles auront une durée variable qui dépendra à la fois des nécessités du service et de la rapidité des progrès réalisés par les intéressés.

Elles pourront toujours, en cas de besoin, être interrompues au gré de l'autorité supérieure; elles seront réglées, en France et aux colonies, de manière que les officiers soient détachés dans les unités de l'arme différente stationnée dans la garnison la plus rapprochée, sous la réserve qu'il n'en résultera aucune dépense supplémentaire au titre de l'indemnité de rassemblement. En outre, les officiers d'infanterie coloniale ne pourront être envoyés que dans les unités d'artillerie coloniale possédant du matériel de campagne ou de montagne.

La mise en vigueur de ces nouvelles dispositions, outre les avantages incontestables qu'elle présentera pour le bien du service, aura d'autre part, comme résultat, d'amener une plus grande cohésion entre les officiers et les troupes d'infanterie et d'artillerie coloniales, de resserrer entre ces deux armes les liens déjà créés par une étroite communauté d'existence et de service, et enfin de provoquer une pénétration réciproque de l'esprit particulier à chacune de ces deux armes, ce qui ne peut que constituer un réel progrès.

J'ajouterai enfin que l'adoption de cette mesure procurera plus d'élasticité au commandement en lui donnant la latitude de remédier immédiatement à l'insuffisance momentanée d'officiers dans une arme par des prélèvements opérés dans des unités mieux pourvues de l'arme différente, si les nécessités du service l'exigent.

Vous voudrez bien me rendre compte, pour le 1er janvier de chaque année, des désignations qui auront été faites dans l'année écoulée, conformément aux dispositions de la présente circulaire.

Circulaire relative à la désignation d'officiers d'artillerie coloniale pour suivre le cours supérieur technique de l'artillerie, à Bourges.

Paris, le 18 septembre 1907.

En exécution des prescriptions des articles 1er et 27 du décret du 13 juillet 1903, six officiers d'artillerie coloniale pourront être désignés, chaque année, pour suivre le cours supérieur technique de l'artillerie, organisé à Bourges par décret du 8 août 1907.

Seront susceptibles d'être proposés :

Les lieutenants ayant au moins quatre ans de grade à la même date.

Les officiers proposés devront remplir les conditions d'instruction et avoir les aptitudes nécessaires pour suivre le cours avec fruit.

Ils devront, en outre, se trouver dans la deuxième moitié de la liste de service colonial.

Les propositions devront parvenir le 1er septembre de chaque année au Ministre de la guerre, sous le timbre de la 8e Direction (3e Bureau).

Circulaire relative aux stages que devront accomplir, à Bourges, les officiers et les sous-officiers appelés à remplir, aux colonies, les fonctions de sous-inspecteur du matériel de 75 et celles de chefs d'équipes de réparations.

Paris, le 17 décembre 1907.

En vue d'assurer, aux colonies, l'inspection et l'entretien du matériel de 75 en service, il sera désigné, chaque année, deux officiers et deux sous-officiers d'artillerie coloniale, pour accomplir à l'inspection du matériel à Bourges, les stages prévus par les articles 102 et 104 de l'instruction provisoire du 21 avril 1904 sur la prise en charge, l'entretien, la réparation et l'inspection du matériel de 75 modèle 1897.

Les officiers seront choisis parmi les capitaines ayant suivi le cours supérieur technique de l'artillerie ou, à défaut, parmi les autres capitaines de l'arme.

Les sous-officiers seront pris dans les compagnies d'ouvriers, parmi les maréchaux des logis, ou les brigadiers inscrits au tableau d'avancement, ayant encore au moins trente mois de service à accomplir à la fin de leur stage, et exerçant la profession d'ajusteur ou de mécanicien.

Le stage des officiers commencera vers le 1er octobre et se terminera vers le 25 mars.

Celui des sous-officiers commencera, en général, dans la deuxième quinzaine d'avril; il aura une durée de six semaines dont quatre à l'inspection du matériel de 75 et deux dans une équipe de réparations.

Les propositions concernant les officiers seront adressées au Ministre de la guerre (8e Direction; 3e Bureau), à qui elles devront parvenir le 1er septembre.

Ainsi qu'il a été convenu avec le Département de la marine, la désignation des deux gradés des compagnies d'ouvriers sera faite par les soins de ce dernier Département.

Instruction.

Infanterie.

Instruction relative au fonctionnement des compagnies d'instruction dans l'infanterie coloniale.

(Direction des Troupes coloniales ; Bureau technique.)

Paris, le 22 mai 1905.

Art. 1er. Une compagnie de chaque régiment d'infanterie coloniale en France, désignée par le colonel, est formée en compagnie d'instruction pour assurer le recrutement des caporaux.

Elle reçoit tous les soldats *volontaires* susceptibles d'avancement.

Les hommes nouvellement incorporés peuvent y être admis après un mois de service (1).

Afin que le plus grand nombre de soldats présentant les aptitudes nécessaires puissent suivre l'instruction spéciale, la compagnie d'instruction peut être portée à 150 hommes, cadres compris. Si cet effectif devait être dépassé, il serait formé une deuxième compagnie d'instruction.

Art. 2. Les officiers de la compagnie d'instruction sont choisis par le colonel parmi les mieux notés comme instructeurs. Afin d'éviter les mutations fréquentes, ils doivent être récemment rentrés des colonies.

Sous aucun prétexte, ils ne sont distraits de leurs fonctions spéciales dans le régiment et ils sont exempts du service des places (gardes et députations). Ils suivent leur tour de départ colonial.

Les sous-officiers et caporaux, rengagés autant que possible, sont pris dans les mêmes conditions parmi les meilleurs instructeurs; ils ne doivent rien laisser à désirer sous le point de vue de la tenue et de la conduite.

Les cadres de la compagnie d'instruction sont ceux d'une compagnie ordinaire. Si besoin est, ils sont renforcés du nom-

(1) Les jeunes soldats, trois ou quatre jours après leur arrivée au corps, doivent subir des épreuves sommaires qui permettent de constater leur degré d'instruction.

Ces épreuves comprennent : 1° une copie d'un texte quelconque; 2° une dictée de quelques lignes; 3° des applications des quatre règles d'arithmétique.

Une insuffisance trop marquée dans ces épreuves ne permet pas d'être admis à la compagnie d'instruction. Toutefois, dans la dictée, il y aura lieu d'être très indulgent pour l'orthographe.

bre de sergents et de caporaux nécessaires (deux sergents et quatre caporaux au maximum) pris dans les cadres à la suite du corps.

L'effectif de la compagnie d'instruction comprend, en plus des cadres et des soldats suivant l'instruction, un certain nombre d'hommes pour remplir les diverses fonctions secondaires qui sont indispensables dans chaque compagnie et qui demandent des spécialistes (perruquier, cuisinier, etc.).

Art. 3. L'instruction est donnée conformément aux prescriptions du règlement de manœuvres; le programme, établi par le capitaine, est soumis à l'approbation du chef de corps par le lieutenant-colonel de qui dépend immédiatement la compagnie au point de vue de l'instruction.

On doit avant tout donner aux hommes une forte éducation militaire et ne les dresser comme instructeurs que lorsqu'ils sont des soldats complètement formés.

Ils prennent la garde dans les conditions fixées par le colonel; pour l'exécution de ce service, ils doivent demeurer sous les ordres des gradés de la compagnie d'instruction.

La durée du séjour à la compagnie d'instruction est en moyenne de quatre mois. Elle est portée à cinq mois pour les jeunes soldats qui y sont admis après un mois d'incorporation et peut être réduite à deux ou même un mois pour les rengagés, les hommes ayant obtenu les brevets spéciaux visés par l'instruction du 17 août 1903 et ceux qui, ayant accompli la période d'instruction réglementaire aux compagnies de recrues, en sont jugés dignes par leur zèle et leur instruction.

Les hommes ne sont maintenus à la compagnie d'instruction qu'à condition de donner constamment des preuves de conduite, de travail et de capacité.

Le colonel prononce, sur la proposition du capitaine et l'avis du lieutenant-colonel, la radiation des hommes qui se signaleraient par leur inconduite, leur paresse ou leur incapacité.

Art. 4. Lorsque les hommes ont terminé leur période d'instruction, ils subissent un examen à la suite duquel il leur est délivré, s'il y a lieu, *un certificat d'aptitude au grade de caporal.*

La commission d'examen est nommée par le chef de corps et est composée de :

Le lieutenant-colonel, ou à défaut

Un chef de bataillon, *président;*

Deux capitaines, dont le commandant de la compagnie d'instruction ;

Deux lieutenants ou sous-lieutenants, dont un pris dans la compagnie d'instruction.

La note donnée à l'homme sur chacune des matières de l'examen est la moyenne des notes données par chacun des membres de la commission; elle est exprimée par la série des nombres de 0 à 20 d'après l'échelle d'appréciation suivante :

Nul.	0.
Très mal.	1, 2, 3.
Mal.	4, 5, 6, 7.
Médiocre.	8, 9, 10, 11.
Assez bien.	12, 13, 14.
Bien.	15, 16, 17.
Très bien.	18, 19.
Parfaitement.	20.

La moyenne des notes obtenues, en tenant compte des coefficients affectés aux différentes parties de l'enseignement suivant leur importance, sert à déterminer pour chaque homme le numéro de classement et la note (1) qui doivent figurer sur le certificat d'aptitude.

Le certificat d'aptitude n'est pas accordé aux hommes ayant obtenu une moyenne ou une note d'aptitude au commandement inférieure à 12 (assez bien). Il est du modèle annexé à la présente instruction et forme un feuillet intercalaire dans le livret matricule et dans le livret individuel.

Le colonel met à l'ordre du régiment le nom des hommes qui ont obtenu ce certificat; les mieux notés peuvent être nommés soldats de 1re classe.

Art. 5. Aux colonies, les régiments, bataillons et compagnies d'infanterie coloniale forment, suivant l'importance du détachement, une compagnie, un peloton ou une section d'instruction d'après les principes précédents.

Les cadres ne sont dispensés du service général que si les circonstances le permettent.

Dans ces unités, l'instruction comporte des indications sur la manière de se conduire envers les indigènes de la colonie, de les instruire comme soldats et de les commander.

Art. 6. Les chefs des corps indigènes organisent, en tenant compte des circonstances locales, des compagnies, pelotons ou sections d'instruction, semblables aux mêmes unités des corps français, de manière à former de bons cadres indigènes. Le programme des matières à leur enseigner doit avoir un caractère essentiellement pratique.

Art. 7. La présente instruction abroge toutes les prescriptions antérieures sur les compagnies d'instruction des troupes coloniales, notamment les instructions du 29 avril 1890 (marine) et du 5 avril 1894 (marine), et la dépêche n° 16 du 27 janvier 1904.

---

(1) Parfaitement, très bien, bien, assez bien.

ANNEXES

ANNEXE N° 1.

CERTIFICAT D'APTITUDE AU GRADE DE CAPORAL.

e RÉGIMENT D'INFANTERIE COLONIALE.

PORTION EN GARNISON A

Le soldat , numéro matricule, a été admis à la compagnie d'instruction le .

Il a obtenu aux examens de sortie le n° , sur élèves classés, avec la note (1).

A , le 19 .

Le Chef de corps,

(1) Parfaitement, très bien, bien, assez bien.

ANNEXE N° 2.

Tableau des coefficients attribués aux diverses matières de l'enseignement.

Ecole du soldat.	5
Ecole de section.	3
Gymnastique (pratique et notions nécessaires à l'instructeur).	3
Instruction du tir (théorique et pratique)..	5
Travaux de campagne..........................	2
Service intérieur................................	3
Service des places.	2
Service en campagne...........................	5
Aptitude au commandement..................	12
Conduite et manière de servir................	7
Tenue.	3
TOTAL....	50

N. B. — Le coefficient élevé donné à l'aptitude au commandement a pour objet de distinguer la valeur réelle des candidats dans le sens pratique particulièrement nécessaire aux troupes coloniales.

Artillerie.

Instruction sur le fonctionnement des pelotons d'instruction dans les troupes d'artillerie coloniale (1).

Paris, le 4 janvier 1912.

FONCTIONNEMENT DES PELOTONS D'INSTRUCTION.

Article 1er. Il est institué des pelotons d'instruction à la portion centrale de chacun des régiments d'artillerie coloniale, stationné en France et aux colonies.

Les candidats appartenant aux portions détachées de chaque régiment et qui ont été admis à suivre les pelotons d'instruction sont, pendant la période d'instruction, répartis entre les unités de la portion centrale.

Dans les colonies qui ne possèdent qu'une troupe d'artillerie inférieure à un régiment, les hommes de troupe, en particulier ceux provenant du recrutement local, qui seraient susceptibles de recevoir de l'avancement, peuvent être signalés au Ministre et proposés pour suivre les pelotons d'instruction, soit en France, soit dans une colonie voisine.

Les pelotons d'instruction constitués dans chaque régiment sont placés, en France, sous la direction du capitaine instructeur et, aux colonies, sous celle d'un capitaine désigné par le chef de corps.

En outre, le chef de corps désigne un lieutenant, un adjudant et un nombre de sous-officiers et brigadiers instructeurs déterminé d'après l'effectif des candidats à instruire, pour être adjoints au directeur des pelotons d'instruction.

Le personnel des instructeurs est prélevé sur l'ensemble des unités du régiment.

Il est choisi parmi les sous-officiers et brigadiers qui ont la meilleure conduite et le plus d'aptitudes pour l'instruction de la troupe.

Les lieutenants et instructeurs attachés aux pelotons d'instruction, sont, en principe, maintenus dans leurs fonctions pour une période d'une année et remplacés au terme de cette période.

En conséquence, et en vue d'éviter le plus possible les mutations, au cours d'une période d'instruction, il y a lieu de ne

(1) Modifiée le 7 novembre 1912.

désigner pour ces emplois que des lieutenants, des sous-officiers et des brigadiers ayant au moins un an de séjour probable à accomplir en France et dans la colonie. En principe, les cadres des pelotons d'instruction sont dispensés de tout autre service pendant la durée de ces pelotons.

Les candidats à l'avancement sont admis à suivre les pelotons d'instruction à des époques fixes de l'année, arrêtées par les chefs de corps, suivant les instructions du général commandant la brigade d'artillerie coloniale ou du commandant de l'artillerie de la colonie.

Tous les candidats admis à suivre les pelotons à l'une de ces époques, forment une seule classe d'instruction avec laquelle ils parcourent successivement le programme des connaissances théoriques et pratiques déterminées, pour la formation des cadres (1), par le programme de l'instruction dans les corps de troupe de l'artillerie coloniale.

Toutefois, en vue de mettre les candidats provenant des diverses catégories de batteries (à pied, montées, de montagne) en état de suivre avec fruit, pendant les premières semaines d'instruction, établir des programmes d'exercices spéciaux pour chacune de ces catégories.

En outre, les candidats qui suivent les pelotons d'instruction ou qui les ont suivis avec succès pendant l'année en cours, assistent non seulement aux écoles à feu de leurs unités, mais aussi à des écoles à feu des batteries de la catégorie autre que la leur (batteries à pied pour les candidats des batteries montées et inversement) dans des conditions fixées par le général commandant la brigade d'artillerie coloniale, en France, ou le commandant de l'artillerie dans la colonie.

En France, il est organisé, en principe, deux classes d'instruction par an pour les candidats au grade de brigadier et une pour les candidats au grade de sous-officier.

Aux colonies, il n'est organisé chaque année qu'une classe d'instruction pour les deux catégories de peloton.

ADMISSION DES CANDIDATS AUX PELOTONS.

Article 2. Les chefs de corps prononcent l'admission aux pelotons d'instruction.

---

(1) Dans les régiments des colonies où il n'est pas possible de donner entièrement l'instruction prévue par le programme général (4e régiment), on se rapproche de ce programme autant que le permet le matériel d'instruction dont on dispose.

PELOTONS DES CANDIDATS AU GRADE DE BRIGADIER.

Les canonniers peuvent être admis à suivre ces pelotons en France et aux colonies, quelle que soit leur ancienneté de service, sous la réserve qu'ils remplissent, d'autre part, les conditions requises au point de vue de l'aptitude au commandement, de la moralité et de la conduite.

Toutefois, en ce qui concerne les colonies on ne devra, en principe, admettre à suivre les pelotons que les candidats provenant du recrutement local ou ceux qui n'auront pas pu suivre les pelotons dans les régiments de la métropole pour des motifs indépendants de leur volonté.

PELOTONS DES CANDIDATS AU GRADE DE SOUS-OFFICIER.

Ces pelotons sont suivis, en France et aux colonies, par des brigadiers ou des canonniers inscrits au tableau d'avancement à ce grade.

En outre, en France, tous les canonniers qui ont satisfait aux examens de classement des pelotons n° 1 et qui ont déjà accompli un séjour aux colonies peuvent être aussi admis à les suivre.

Article 3. En France, les militaires des compagnies ou sections d'ouvriers suivent les pelotons des régiments auxquels ils appartiennent dans les mêmes conditions que les candidats des batteries.

Ils y reçoivent la même instruction que ceux-ci, sous réserve des modifications arrêtées par le général commandant la brigade d'artillerie coloniale, d'après les instructions du général commandant le corps d'armée des troupes coloniales.

Aux colonies, les hommes de troupe des unités d'ouvriers ne sont pas, en principe, admis à suivre les pelotons d'instruction.

A titre exceptionnel, ils peuvent être autorisés par les généraux ou officiers supérieurs commandant l'artillerie à suivre les pelotons des régiments dans des conditions analogues à celles indiquées pour les candidats de la métropole.

Article 4. Les candidats admis en France à suivre les pelotons d'instruction sont distraits de la liste de tour de service colonial tant qu'ils sont maintenus à ces pelotons.

MARCHE DE L'INSTRUCTION ET CLASSEMENT DES CANDIDATS.

Article 5. L'état de l'instruction de chaque candidat est constaté mensuellement au moyen de notes établies par les officiers chargés des pelotons.

Ces notes sont communiquées aux capitaines commandants.

Les radiations reconnues nécessaires, pendant la durée de l'instruction, sont prononcées par le chef de corps sur la proposition de l'officier directeur des pelotons

La marche de l'instruction doit être réglée de telle sorte que, après six mois au maximum de présence aux pelotons d'instruction, les candidats soient en mesure de subir un examen, sur l'ensemble du programme, devant une commission de classement désignée par le chef de corps et comprenant :

Président.

Un officier supérieur.

Membres.

Deux capitaines (dont le capitaine chargé des pelotons).

Deux lieutenants (dont le lieutenant adjoint au capitaine chargé des pelotons).

Cette commission est convoquée à la fin de chaque période d'instruction: elle examine tous les candidats et établit leur classement en affectant les différentes notes de coefficients fixés ainsi qu'il suit pour les divers éléments d'appréciation :

Instruction pratique sur les exercices et manœuvres de toute nature compris dans le programme d'instruction	12
Instruction théorique sur toutes les matières du programme d'instruction	10
Notions sommaires de comptabilité de la batterie	1
Manière de servir et aptitude au commandement	10
Conduite	5
Tenue	2
Total des coefficients	40

Les candidats ayant obtenu une moyenne générale au moins égale à 12 sont seuls admis au classement.

Les candidats ayant une moyenne inférieure sont éliminés pour inaptitude.

Toutefois, les candidats éliminés après une première période d'instruction peuvent être, à titre exceptionnel, autorisés par les chefs de corps, à suivre une seconde période d'instruction soit immédiatement, soit à une date ultérieure.

Les listes établies par la commission et approuvées par les chefs de corps sont soumises au général commandant la brigade d'artillerie coloniale en France et aux commandants de l'artillerie aux colonies qui arrêtent définitivement le classement des candidats.

Article 6. Les militaires des compagnies ou sections d'ouvriers sont classés par la même commission que les candidats des batteries, mais ils sont portés sur une liste spéciale de classement.

Le tableau des coefficients attribués, pour le classement, aux diverses matières de l'instruction est le même que celui du personnel des batteries, mais il comprend, en outre, un coefficient égal à 10 pour l'instruction professionnelle; la note corpondante est donnée par le chef de l'établissement dans lequel est employé le candidat.

PROPOSITIONS POUR L'AVANCEMENT.

Article 7. Sauf le cas de faits de guerre et de services exceptionnels, les candidats ne peuvent être proposés pour le grade de sous-officier ou de brigadier que s'ils ont satisfait aux examens de classement final des pelotons correspondants, à moins qu'ils n'aient été antérieurement pourvus du grade dont il s'agit, comme il est dit à l'article 8 ci-après.

Il est fait mention de la note moyenne et du classement, obtenus à l'issue des pelotons, sur les états de proposition (colonne spéciale ou colonne observations) établis par application des prescriptions des instructions en vigueur sur l'avancement aux emplois du grade de sous-officier et au grade de brigadier.

Toutefois, les candidats aux emplois de brigadier armurier et de maréchal des logis ou brigadier tailleur, cordonnier, sellier, ainsi que les candidats aux emplois de maréchal des logis ou brigadier maréchal ferrant, ne sont pas astreints à cette obligation.

PROPOSITIONS DES HOMMES DE TROUPE POUR UN GRADE DONT ILS ONT ÉTÉ ANTÉRIEUREMENT POURVUS.

Article 8. Les canonniers et brigadiers de l'artillerie coloniale peuvent être proposés, sans être astreints, au préalable, à suivre les pelotons d'instruction pour le grade de brigadier ou de maréchal des logis s'ils ont été pourvus antérieurement du grade correspondant, soit dans les troupes coloniales, soit dans les troupes métropolitaines, soit dans les équipages de la flotte et si leur chef de corps les en juge dignes et capables.

Article 9. Toutes les dispositions antérieures contraires à celles de la présente instruction sont abrogées.

Service du parc d'instruction dans les corps d'artillerie.

Decret relatif à l'organisation du service du parc d'instruction dans les corps d'artillerie coloniale.

Paris, le 1er novembre 1902.

RAPPORT AU PRÉSIDENT DE LA RÉPUBLIQUE FRANÇAISE.

Monsieur le Président,

Le rattachement des troupes coloniales au département de la guerre a placé dans une situation nouvelle l'école d'artillerie coloniale de Lorient et ses annexes de Cherbourg, Brest, Rochefort et Toulon, en rendant ces établissements indépendants des directions d'artillerie de marine du port où elles sont placées.

D'autre part, on ne saurait, par une réglementation nouvelle, assimiler ces écoles aux écoles de l'artillerie métropolitaine, dont le rôle principal est celui d'un organe de mobilisation chargé d'assurer en temps de paix la constitution, la garde et l'entretien du matériel destiné aux unités mobilisées.

Le matériel de mobilisation de l'artillerie coloniale est, en effet, conservé en temps de paix dans les établissements de l'artillerie métropolitaine.

L'école d'artillerie coloniale et ses annexes sont uniquement des établissements d'instruction, et, en cette qualité, leur service se confond dans la pratique avec celui du régiment.

Dans ces conditions, il paraît plus simple et plus avantageux de rattacher administrativement l'école d'artillerie coloniale ou son annexe à la portion de corps correspondante et d'en faire un service qui serait placé sous l'autorité immédiate du chef de corps et soumis aux mêmes règles générales d'administration que les autres services régimentaires.

Si vous approuvez ces dispositions, j'ai l'honneur de vous prier de bien vouloir revêtir de votre signature le décret ci-joint.

Décret.

Le Président de la République française,

Vu l'ordonnance du 30 avril 1844, portant organisation du corps de l'artillerie de la marine, en ce qui est relatif à l'institution à Lorient de l'école d'artillerie de la marine.

Sur le rapport du Ministre de la guerre,

Décrète :

Art. 1er. L'école d'artillerie coloniale de Lorient et les annexes de cet établissement dans les autres ports militaires sont supprimées.

Art. 2. Le service de l'école d'artillerie coloniale, en ce qui concerne l'instruction du personnel de cette arme, ainsi que l'entretien, la conservation et la gestion du matériel d'instruction, est assuré désormais par chaque corps ou portion de corps de l'artillerie coloniale.

Art. 3. Le matériel d'instruction de l'école d'artillerie coloniale est réparti entre les différents corps ou portions de corps de l'artillerie coloniale et constitue dans chacun d'eux le parc régimentaire.

Art. 4. Les dépenses du service du parc sont imputables à la masse des écoles, qui reçoit annuellement, au titre de ce service, pour l'ensemble des régiments d'artillerie coloniale de la métropole, une allocation supplémentaire égale à celle précédemment attribuée à l'école d'artillerie coloniale et ses annexes, en plus de celles prévues par la décision du 11 janvier 1902.

Art. 5. Une instruction ministérielle fixera les détails de l'organisation et les conditions du fonctionnement du service du parc dans les corps d'artillerie coloniale stationnés dans la métropole.

Art. 6. Les dispositions antérieures contraires à celles du présent décret sont abrogées.

Instruction relative à l'organisation et au fonctionnement du service régimentaire du parc dans les corps d'artillerie coloniale de la métropole.

(Direction des Troupes coloniales ; Bureau technique.)

Paris, le 4 novembre 1907.

Art. 1er. L'Ecole d'artillerie coloniale et ses annexes sont supprimées à la date du 1er janvier 1903.

Art. 2. Dans chaque port, le matériel de toute nature, en compte à l'Ecole d'artillerie coloniale ou à son annexe, est pris en charge à cette date par la portion de corps d'artillerie coloniale stationnée dans le même port, pour le compte du régiment dont elle dépend.

Art. 3. Les locaux (bureaux, magasins, hangars, etc.) affectés à l'Ecole d'artillerie coloniale ou à son annexe sont attribués dès à présent à la portion de corps d'artillerie coloniale correspondante et compris dans ses moyens de casernement. Toutefois, la commission de casernement conserve, dans les conditions des articles 15 et 17 du décret du 3 mars 1899, la possibilité de proposer les modifications qu'elle jugerait utile d'apporter à leur affectation.

Art. 4. Le matériel provenant de l'Ecole d'artillerie coloniale forme, dans chaque régiment de cette arme, le parc régimentaire qui est réparti, suivant les besoins, entre chaque portion de corps.

Art. 5. Dans chaque portion principale, le capitaine directeur du parc et, dans chaque portion secondaire, un capitaine en 2e, ou un lieutenant en 1er, détachés d'une batterie, sont spécialement chargés du service du parc, sous l'autorité immédiate du chef de corps ou de portion de corps, pour tout ce qui concerne l'entretien, la conservation et l'emploi du matériel d'instruction, sous l'autorité du major et la surveillance du conseil d'administration pour ce qui est relatif à la gestion et à la comptabilité de ce matériel.

Art. 6. Les officiers d'administration et sous-officiers stagiaires présentement affectés à l'Ecole d'artillerie coloniale et à ses annexes, restent provisoirement, en qualité de comptables, à la disposition des officiers chargés du service du parc régimentaire.

Art. 7. La comptabilité du parc régimentaire est tenue, comme pour les autres services régimentaires, en conformité des dispositions du règlement du 9 septembre 1888 sur la comptabilité-matières et du règlement du 3 avril 1869 sur la comptabilité-finances.

Art. 8. La comptabilité tenue dans chaque corps ou portion de corps est centralisée par le conseil d'administration de la portion centrale de chaque régiment.

Art. 9. Les conseils d'administration adressent en fin d'exercice, au Ministre (Direction des Troupes coloniales; 4e Bureau), une expédition du compte de gestion tenu conformément aux prescriptions de l'article 60 du règlement du 9 septembre 1888 (modèle A, n° 358 de la nomenclature).

Art. 10. La nomenclature à employer dans les comptes à tenir est celle en usage dans le service de l'artillerie métropolitaine.

Art. 11. Les dépenses du service du parc sont imputables à la masse des écoles, à laquelle il est attribué pour chaque régiment d'artillerie coloniale, au titre de ce service, une allocation annuelle en plus de celles prévues par l'instruction du 14 janvier 1902, relative au fonctionnement de la masse des écoles dans les troupes coloniales.

Art. 12. L'allocation annuelle de 10.800 francs, précédemment attribuée à l'Ecole d'artillerie coloniale et ses annexes, est répartie ainsi qu'il suit sous forme d'allocations à la masse des écoles, au titre du service du parc, entre les portions de corps des régiments d'artillerie coloniale de la métropole :

1er *régiment.*

Portion centrale de Lorient.............. 3.000 fr.
Portion secondaire de Rochefort.......... 500 fr.
Portion secondaire de Toulon............ 2.500 fr.

2e *régiment.*

Portion centrale de Cherbourg........... 3.000 fr.
Portion secondaire de Brest............. 1.800 fr.

Art. 13. Ces fixations sont comprises sous la rubrique « Dépenses du parc régimentaire » dans le tableau annexé à l'instruction du 14 janvier 1902 précitée.

Art. 14. L'état des recettes et dépenses de la masse des écoles (modèle 108 de la nomenclature), annexé à l'instruction du 27 novembre 1887, doit comprendre une division spéciale récapitulant le montant du bordereau des dépenses faites pendant l'année au titre du parc. Ces dépenses seront réparties dans chacune des sept rubriques mentionnées à l'article 15 ci-après.

Art. 15. Les dépenses revenant à la masse des écoles au titre du service du parc comprennent :

1° L'entrétien et la conservation du matériel d'instruction, y compris les menues réparations que les corps peuvent faire par leurs propres moyens;

2° L'entretien du matériel de la bibliothèque et des collections d'instruments du parc;

3° L'achat des ouvrages et l'abonnement aux publications périodiques, ayant un caractère technique, destinés à la bibliothèque;

4° L'achat, la confection et l'entretien du matériel nécessaire à l'exécution des écoles à feu et des tirs au mousqueton (radeaux, buts, panneaux, cibles, etc.), en dehors de celui qui est réglementairement fourni par le service de l'artillerie;

5° L'achat des fournitures de bureau nécessaires au service du parc;

6° Les prix de concours de tir;

7° Les dépenses autres que celles précitées, faites au titre du service du parc après autorisation du Ministre sur la demande des corps intéressés.

Art. 16. Il est pourvu aux dépenses autres que celles indiquées ci-dessus (chauffage, éclairage) dans les mêmes conditions que pour les autres services régimentaires.

Art. 17. Les travaux de réparations courantes reconnues nécessaires au matériel du parc, et pour l'exécution desquels le parc ne dispose pas de moyens suffisants, seront exécutés au compte de la masse des écoles par les directeurs d'artillerie métropolitaine, sur la demande qui leur en sera faite par chaque chef de corps ou de portion de corps.

Art. 18. Le remboursement des frais afférents à ces travaux sera fait par voie de versement au Trésor.

Art. 19. Il sera établi annuellement un état de prévision (n° 91 de la nomenclature T. C.) des bouches à feu, munitions, machines, etc., présumées nécessaires pour le service de chaque parc.

Art. 20. Ces états devront être transmis en deux expéditions, au Ministre, par l'intermédiaire du général commandant le corps d'armée des troupes coloniales sous le timbre de la 8e Direction, 4e Bureau, au plus tard le 20 août de chaque année.

Art. 21. En dehors des réparations courantes de matériel à exécuter par les directions d'artillerie métropolitaine, il ne peut être fait de demandes de cession, ni aux services de l'artillerie navale, ni à ceux de l'artillerie métropolitaine, qui n'aient été portées sur les états de prévision dont le Ministre se réserve l'approbation.

Art. 22. Si des besoins extraordinaires surviennent en cours d'exercice, ils donneront lieu à l'établissement de demandes spéciales qui devront être soumises à l'approbation du Ministre.

Art. 23. Les cours institués à l'Ecole d'artillerie pour l'instruction technique des divers personnels des corps d'artillerie coloniale seront désormais professés, dans chaque portion principale ou secondaire, sous la direction du chef de corps ou de portion de corps.

Art. 24. Toutefois, le cours supérieur préparatoire à l'Ecole militaire de l'artillerie et du génie sera organisé chaque année, à la portion principale du 1er régiment, à Lorient, où tous les candidats seront réunis dans les conditions déterminées par l'instruction du 29 août 1901.

Art. 25. Il n'est pas organisé de parc dans les compagnies d'ouvriers et d'artificiers de l'artillerie coloniale. Le matériel nécessaire pour l'instruction du personnel de ces unités est laissé à leur disposition par la portion de corps d'artillerie coloniale stationnée dans le même port.

Circulaire relative aux bases de l'instruction à donner dans les régiments d'artillerie coloniale en France.

Paris, le 5 janvier 1910.

Les prescriptions actuellement en vigueur, concernant l'instruction dans les corps de troupe de l'artillerie coloniale, sont contenues dans la circulaire n° 235 du 26 novembre 1902 et les dépêches n° 94 du 11 septembre 1901, n° 15 du 30 janvier 1903, n° 188 du 6 octobre 1903 et n° 24-1/8 du 13 février 1907.

La présente circulaire a pour objet de coordonner ces dispositions et de les compléter en y introduisant l'instruction sur le service des bouches à feu de siège et place que le Ministre des colonies a signalés comme entrant dans l'armement de certains ouvrages des places points d'appui de la flotte aux colonies.

I. — INSTRUCTION DES BATTERIES.

Programmes généraux d'instruction.

L'ensemble des batteries d'artillerie coloniale stationnées dans la métropole est divisé, au point de vue de l'instruction, en deux catégories :

1re catégorie : Batteries à pied;

2e catégorie : Batteries montées (1).

a) Instruction des batteries de la 1re catégorie.

Les batteries à pied reçoivent complètement l'instruction des batteries côtières métropolitaines.

En outre, elles sont exercées au service des bouches à feu de siège et place (principalement des canons de 95, 120, 155 L et 155 C sur affût modèle 1881) en utilisant soit le matériel détenu par les corps, soit le matériel qui arme les fronts de terre des ports militaires; l'instruction correspondante est donnée aussi complètement que le permettent les ressources en matériel.

b) Instruction des batteries de la 2e catégorie.

Les batteries montées reçoivent l'instruction de campagne et de montagne.

L'instruction de campagne comporte principalement l'instruction complète de la batterie de 75; provisoirement et jusqu'à ce que le Département des colonies ait doté de canons de 75 toutes les batteries montées en service outre-mer, le personnel sera encore exercé à l'emploi du matériel de 80 de campagne (service de la pièce), mais il ne sera plus exécuté d'écoles à feu avec ce matériel.

L'instruction de montagne est donnée à toutes les batteries de la deuxième catégorie; il est exécuté annuellement des écoles à feu avec les canons de montagne par toutes ces batteries.

---

(1) Et batteries de montagne tant qu'il en existera.

II. — INSTRUCTION DES CADRES.

Programmes des pelotons d'instruction.

Les cadres (sous-officiers et brigadiers) ne sont pas spécialisés; les programmes des pelotons d'instruction comprennent un enseignement aussi complet que possible correspondant au service des batteries de toutes catégories, pour que, dans leurs mutations, les cadres puissent, en cas de besoin, être affectés à une unité de l'une ou l'autre catégorie.

L'instruction des cadres dans les régiments doit être dirigée de façon à maintenir les gradés en état de servir dans une batterie autre que celle de leur catégorie.

III. — FONCTIONNEMENT DE LA RELÈVE.

Au point de vue de la relève, l'ensemble des unités d'artillerie coloniale stationnées aux colonies est divisé en deux groupes comprenant :

1re catégorie : Batteries à pied;

2e catégorie : Batteries montées et de montagne.

Chacune de ces catégories est, en principe, relevée exclusivement par la catégorie métropolitaine correspondante.

Les hommes de troupe non gradés (rengagés ou non rengagés) conservent la même spécialité dans toutes leurs mutations; exceptionnellement, et seulement en cas d'insuffisance du personnel de l'un des groupes de France pour assurer à lui seul la relève du groupe colonial correspondant, il peut être fait appel au personnel de l'autre groupe.

Toutes les dispositions des circulaire et dépêches précitées contraires à celles ci-dessus sont abrogées.

Circulaire relative à l'établissement et à l'envoi, au Ministre de la guerre, des rapports sur les écoles à feu.

Paris, le 22 septembre 1909.

La circulaire n° 153. du 16 septembre 1903, rappelée par celle du 14 novembre 1906, n° 82 1/8, prescrit que les rapports sur les écoles à feu exécutées par les troupes d'artillerie coloniale aux colonies, doivent être adressés au Département de la guerre, sous le timbre 8e Direction, 1er Bureau ; d'autre part, l'instruction pour les écoles à feu annuelles aux colonies, du 23 novembre 1903, établie par le ministère des colonies, prescrit aux commandants de l'artillerie de chaque groupe de colonies d'adresser, à ce Département, un rapport d'ensemble sur les écoles à feu annuelles.

Afin de simplifier le travail imposé aux commandants de l'artillerie et aux chefs de corps par les documents ci-dessus, il a été décidé, après entente avec le Département des colonies, que les rapports sur les écoles à feu annuelles ne seront plus établis, à l'avenir, qu'en une seule expédition qui sera envoyée, en premier lieu, au ministère de la guerre, sous le timbre 8e Direction, 1er Bureau ; les dossiers seront ensuite adressés par ce Département à celui des colonies. Les prescriptions des circulaires et de l'instruction précitées devront être interprétées dans ce sens.

A ce sujet, il est rappelé que les rapports doivent être établis aussitôt après l'achèvement des tirs et qu'ils doivent être expédiés sans retard ; sauf exceptions motivées, ces documents doivent parvenir au ministère de la guerre pour le 1er octobre au plus tard, afin de pouvoir être soumis en temps utile à l'examen du comité technique de l'artillerie.

Stage d'instruction de télégraphie sans fil.

Circulaire relative à l'organisation de stages d'instruction de télégraphie sans fil pour les militaires des troupes coloniales (1).

(Direction des Troupes coloniales ; Bureau technique.)

Paris, le 7 janvier 1905.

J'ai décidé qu'en attendant que le corps d'armée des troupes coloniales soit en état d'assurer lui-même, d'une façon continue, l'instruction du personnel nécessaire pour le fonctionnement du service de la télégraphie sans fil aux colonies, il y aurait lieu, afin d'éviter toute perte de temps, d'envoyer

(1) Modifiée le 30 novembre 1910.

à nouveau et périodiquement ce personnel accomplir des stages de trois mois au fort du Mont-Valérien, où se trouve caserné le bataillon de sapeurs-télégraphistes, lequel, aux termes de la loi du 24 juillet 1900, constitue l'Ecole permanente de télégraphie militaire.

En conséquence, les stages d'instruction des militaires des troupes coloniales auront lieu deux fois par an :

Du 20 février au 19 mai;

Du 20 mai au 19 juillet.

Il sera envoyé chaque fois, au Mont-Valérien, un personnel ayant la composition ci-après :

1 ou 2 officiers;

10 hommes de troupe.

Exceptionnellement, le premier stage de l'année 1905 aura lieu du 1er février au 30 avril.

Vous voudrez bien désigner ce personnel et donner des ordres pour qu'il soit rendu au Mont-Valérien le 30 janvier prochain.

Il devra m'être rendu compte, en temps utile, des mesures que vous aurez prises en exécution des prescriptions ci-dessus.

Maurice Berteaux.

Tir de l'infanterie.

Circulaire relative à l'application, dans les troupes coloniales, du règlement du 31 *août* 1905, *sur l'instruction du tir de l'infanterie.*

(Direction des Troupes coloniales ; Bureau technique.)

Paris, le 22 juin 1907.

Le règlement du 31 août 1905, sur l'instruction du tir de l'infanterie, est applicable aux troupes coloniales stationnées en France et aux colonies, sous réserve des dispositions spéciales ci-après :

MAINTIEN DU CAPITAINE DE TIR DANS LES RÉGIMENTS D'INFANTERIE COLONIALE DE LA MÉTROPOLE.

Les capitaines de tir prévus par le décret du 19 septembre 1903, sont maintenus dans les régiments d'infanterie coloniale de la métropole ; ils ont pour fonctions essentielles de tenir les officiers au courant des idées et des méthodes nouvelles et de développer leur instruction technique au point de vue du tir ; leur maintien permet au chef de corps d'organiser dans les régiments un enseignement permanent du tir pour les cadres rentrant des colonies.

Les capitaines de tir remplissent, en outre, les fonctions dévolues à l'officier chargé du matériel et peuvent être chargés des détails concernant le fonctionnement des sections de mitrailleuses.

Les capitaines de tir sont pourvus d'une monture.

ADJONCTION D'UNE PAGE SUPPLÉMENTAIRE AU FEUILLET INDIVIDUEL DE TIR.

Le feuillet individuel de tir prévu par le règlement du 31 août 1905 (page 66) est complété, pour les troupes coloniales, par une page supplémentaire sur laquelle sont portés, à la suite de chaque tir, les renseignements sur la nature du tir effectué et les résultats obtenus par l'homme.

Cette page supplémentaire, de modèle facultatif, est collée par un onglet au feuillet de tir individuel ; lorsqu'un homme change de compagnie ou de situation, elle permet au nouveau commandant de compagnie ou de détachement de se renseigner sur l'instruction donnée précédemment à l'homme et sur sa valeur comme tireur ; le nouveau commandant de compagnie ou de détachement place dans le livret une nouvelle feuille, sur laquelle il porte de même les tirs qu'il fait exécuter à l'homme ; il détruit l'ancienne feuille dès qu'elle ne lui est plus utile.

Les résultats généraux des tirs sont portés au feuillet de tir individuel, conformément au paragraphe 3 de l'annexe n° 6 du règlement du 31 août 1905.

Circulaire relative aux récompenses accordées à l'occasion des concours de tir dans les corps de troupes indigènes stationnés aux colonies.

Paris, le 11 septembre 1909.

Le règlement du 31 août 1905 sur l'instruction du tir (annexe 5, art. 4, § 1) alloue à chaque régiment d'infanterie, comme récompenses de concours de tir, pour les sous-officiers armés du fusil, un certain nombre d'épinglettes en argent et de cors de chasse brodés; à raison d'une épinglette et de deux cors de chasse par bataillon.

Cette allocation ayant paru trop restreinte pour certains régiments indigènes stationnés aux colonies, il a été décidé, d'accord avec le Ministre des colonies, que, dans les régiments indigènes où l'effectif par bataillon des sous-officiers armés de fusil, européens et indigènes réunis, est supérieur à l'effectif par bataillon des sous-officiers des régiments européens, l'allocation prévue par le règlement du 31 août 1905 précité sera doublée.

Rien n'est changé aux allocations fixées par ce règlement en ce qui concerne les bataillons formant corps et les régiments indigènes où l'effectif par bataillon des sous-officiers armés du fusil est égal ou inférieur à celui des régiments européens.

BRUN.

Circulaire relative au fonctionnement du réseau du commandement de la place Toulon-Hyères.

Paris, le 29 octobre 1908.

Pour assurer dans de bonnes conditions, l'entretien du réseau télégraphique du commandement de la place Toulon-îles d'Hyères, deux télégraphistes coloniaux seront envoyés à l'avenir, chaque année, au Mont-Valérien, pour y suivre la même instruction que les sapeurs mécaniciens de la petite partie chargés, dans le génie, de l'entretien des appareils télégraphiques.

Ces télégraphistes seront choisis, avec le plus grand soin, parmi ceux dont la profession (mécaniciens, horlogers) ou les aptitudes sont de nature à faciliter l'instruction spéciale.

De plus, en raison de la mission de confiance qui leur sera dévolue sur les réseaux du commandement, il importe de ne désigner pour cet emploi que des hommes d'excellente conduite et de bonne tenue.

Leur stage d'instruction au Mont-Valérien durera environ deux mois, du mois d'avril au mois de juin.

Le commandant du dépôt de la section de télégraphistes coloniaux, à Toulon, sera avisé directement, par le commandant du bataillon de sapeurs télégraphistes, de la date exacte du commencement de l'instruction, en temps voulu, pour que les deux stagiaires désignés puissent être présents au Mont-Valérien dès le début de l'instruction.

Pendant leur séjour au Mont-Valérien, ces deux télégraphistes coloniaux seront pris en subsistance par le 24e bataillon du génie.

Une note d'aptitude leur sera donnée, à l'issue de leur stage, par le commandant dudit bataillon et sera portée par les soins de cet officier supérieur à la connaissance du commandant de la section de télégraphistes coloniaux à qui il appartiendra d'en assurer l'inscription sur les livrets matricules et individuels des intéressés aux pages réservées à « instruction, stages et emplois spéciaux ».

Il sera rendu compte sous le timbre de la 8e Direction (2e Bureau), de la désignation et de la mise en route des militaires en question.

Circulaire relative à l'admission, dans les salles d'armes de garnison, des officiers et sous-officiers des troupes coloniales désireux de s'entretenir dans la pratique de l'escrime.

Paris, le 10 septembre 1910.

Les officiers et sous-officiers des troupes coloniales, désireux de s'entretenir dans la pratique de l'escrime, sont admis dans les salles d'armes de garnison organisées pour les troupes métropolitaines conformément aux dispositions de l'instruction du 13 janvier 1910 relative à l'enseignement de l'escrime dans l'armée.

Les conditions dans lesquelles a lieu cette admission sont les suivantes :

1° Le commandant d'armes, chargé de l'organisation et du fonctionnement des salles d'armes de garnison, fixe les salles d'escrime à mettre à la disposition des officiers et sous-officiers des troupes coloniales ainsi que la répartition des heures de travail;

2° Le personnel des salles est, en entier, fourni par les troupes métropolitaines;

3° Les corps de troupes coloniales participeront, sur les fonds des masses intéressées, aux dépenses des salles d'escrime au prorata des effectifs en officiers et sous-officiers prenant part aux leçons.

Circulaire concernant l'application aux troupes coloniales des bases générales de l'instruction de l'infanterie, du 4 juin 1910.

Paris, le 15 octobre 1910.

Les bases générales de l'instruction de l'infanterie en date du 4 juin 1910 (*Bulletin officiel*, partie réglementaire, page 1709) sont applicables aux troupes coloniales, sous les réserves indiquées par le premier alinéa de l'instruction du 24 juillet 1910 (*Bulletin officiel*, partie réglementaire, page 1335).

Circulaire réglant les conditions d'application, dans les troupes coloniales, du décret du 22 février 1911 portant modifications au règlement sur les manœuvres de l'infanterie.

Paris, le 14 novembre 1911.

Les prescriptions relatives au fonctionnement des pelotons d'instruction pour candidats sous-officiers d'infanterie, contenues dans l'article 32 du décret du 22 février 1911 sont en principe applicables aux corps d'infanterie coloniale stationnés en France et aux colonies.

La plus grande initiative à cet égard est laissée aux chefs de corps, ils peuvent même, avec l'approbation du général commandant le corps d'armée des troupes coloniales en France, des commandants supérieurs des troupes aux colonies, suspendre momentanément le fonctionnement de ces pelotons si les nécessités du service l'exigent.

Le passage par un peloton d'instruction n'est pas obligatoire pour pouvoir être proposé pour l'avancement au grade de sous-officier. Toutefois, lors de l'établissement du travail d'avancement, les diverses autorités hiérarchiques tiendront tout particulièrement compte aux intéressés des résultats obtenus par eux au peloton des candidats sous-officiers. A cet effet, mention de ces résultats sera faite, le cas échéant, sur les livrets matricule et individuel des candidats sous-officiers dans la forme prévue pour les militaires admis à la compagnie d'instruction.

En conséquence, la case de ces livrets réservée à la progression de l'instruction (Infanterie) sera, dans ce cas, complétée à la main comme il suit :

« Admis au peloton d'instruction des candidats sous-officiers le......

« A obtenu au classement de sortie le N°...... sur...... élèves avec la note...... (médiocre, passable, bien ou très bien). »

TABLES

TABLE CHRONOLOGIQUE

TABLE ALPHABÉTIQUE

A

D

E

I

N

O

P

R

S

T

CHARLES-LAVAUZELLE ET Cie. — PARIS, LIMOGES, NANCY.

www.ingramcontent.com/pod-product-compliance
Ingram Content Group UK Ltd.
Pitfield, Milton Keynes, MK11 3LW, UK
UKHW020550180726
13838UKWH00001B/160

9 782329 038216